E. (Ernst) Kirchner, Johann Friedrich

Bo

hmer

Die Papiere des XIV. Jahrhunderts im Stadtarchiv zu

Frankfurt a.M.

E. (Ernst) Kirchner, Johann Friedrich
Bo
̈
hmer

Die Papiere des XIV. Jahrhunderts im Stadtarchiv zu Frankfurt a.M.

ISBN/EAN: 9783743665163

Hergestellt in Europa, USA, Kanada, Australien, Japan

Cover: Foto ©ninafisch / pixelio.de

Weitere Bücher finden Sie auf **www.hansebooks.com**

DIE

PAPIERE DES XIV. JAHRHUNDERTS

IM

STADTARCHIVE ZU FRANKFURT A. M.

UND

DEREN WASSERZEICHEN.

DIE

PAPIERE DES XIV. JAHRHUNDERTS

IM

STADTARCHIVE ZU FRANKFURT A. M.

UND

DEREN WASSERZEICHEN

TECHNISCH UNTERSUCHT UND BESCHRIEBEN

VON

ERNST KIRCHNER.

MIT 153 ABBILDUNGEN VON WASSERZEICHEN.

HERAUSGEGEBEN
AUS DEN MITTELN DES Dr. J. FR. BÖHMER'SCHEN NACHLASSES.

FRANKFURT A. M.
C. JÜGEL'S VERLAG. (M. ABENDROTH.)
1893.

Inhalt.

Einleitung.

An der Hand einer ausserordentlich reichen Sammlung orientalischer Handschriften auf Papyrus, Pergament und Papier, des von den Arabern erworbenen Fundes »Erzherzog Rainer« in Wien, lichteten die Forschungen des Herrn Professor *Karabacek*[1] das Dunkel, das bisher über der Erfindung und der Einführung der Papiermacherkunst im Occident schwebte.

Zwei chinesische Kriegsgefangene der Araber haben darnach im Jahre 751 n. Chr. in Samarkand das erste Papier aus Gräsern und Pflanzen gefertigt. Die frühere Annahme, die Chinesen seien die Erfinder des Papiers, findet also durch diese glücklich aufgefundene Nachricht ihre Bestätigung. Die Samarkander haben sich darauf die neue Kunst zu eigen gemacht und eine blühende Industrie in ihrer Stadt entwickelt, wobei sie als Rohmaterial, wie Herr Hofrath Dr. *Julius Wiesner* nachweist,[2] abgetragene Gewebe, Leinen- und Hanf-Lumpen zu Papier verarbeiteten.

Die um die damalige Zeit herrschenden Araber haben dann die neue Kunst sich angeeignet und zunächst 794 n. Chr. eine grosse staatliche Fabrik in Bagdad eingerichtet, den Gebrauch des Papiers in ihren Staatskanzleien 795 eingeführt und auch später die Kunst nach Yemen, Damascus, Fes, sowie nach Italien, Spanien und anderen Ländern verbreitet.

Die Griechen scheinen schon früher als die romanischen Völker diese Kunst, vielleicht direkt von asiatischen Völkern erlernt zu haben.

Spanien, Frankreich und Italien haben wohl im X. oder XI. Jahrhundert mit der Papiererzeugung begonnen; die Geschichte berichtet von einer hohen Blüthe dieser Kunst im XI. Jahrhundert in Spanien; ebenso spricht Abt Peter von Cluny (1122—1150) in Frankreich von Papier aus zerrupften Lumpen als von etwas ganz Bekanntem.

---

[1] Das arabische Papier, von Prof. Dr. *Josef Karabacek*, Wien, K. K. Hof- und Staatsdruckerei 1887.

[2] Die mikroskopische Untersuchung des Papiers, von Hofrath Dr. *Julius Wiesner*, Wien, K. K. Hof- und Staatsdruckerei 1887.

Deutschland und die Schweiz begannen erst im XIV. und XV. Jahrhundert mit dem Papiermachen: die Italiener und Franzosen waren hier die ersten Lehrmeister.

Aus den auf uns überkommenen alten Papieren ersehen wir, dass im Occident am Ende des XIII. Jahrhunderts bedeutende Verbesserungen und Fortschritte in der Kunst gemacht sein müssen. Wir erkennen bei genaueren mikroskopischen Studien einen Fortschritt in der Stoffzubereitung. Wir weisen ferner durch chemische Reagentien nach, dass man von der früher allgemein üblichen Stärkeleimung um diese Zeit zur Leimung mit thierischer Gallerte übergeht. Wir bemerken endlich zum ersten Mal um diese Zeit den Gebrauch, das Papierblatt mit einer besonderen Marke, dem Wasserzeichen, zu versehen. Dies äussere, leicht erkennbare Merkmal erscheint neben dem Abdruck der Drähte und Stege der Papiermacherform.

Gerade dieser, oft mit fast photographischer Genauigkeit wiedergegebene, uns in seiner vollen Originalform erhaltene Abdruck der Schöpfform bietet durch seine ausserordentliche Verschiedenheit und durch den Umstand, dass die Technik, der Gebrauch und der Geschmack, sowie die Marken oder Wasserzeichen dementsprechend schnell (letztere bestehen in gleicher Form höchstens 25 Jahre) wechseln, ein vorzügliches Mittel, der Diplomatik als historischer Hülfswissenschaft für Alters- und Ächtheits-Bestimmungen von Dokumenten zu dienen. Dieses Kriterium vermag oft in Fällen mit Sicherheit einzutreten, wo andere Mittel versagen.

Aber auch dem Papiergeschichtsforscher, dem Papiertechniker, ja dem Heraldiker und Künstler bieten die charakteristischen Merkmale der Papierabdrücke ein werthvolles, formenreiches Material für das Studium der Geschichte der Papiermacherkunst, des Geschmackes und des Geschickes unserer Vorfahren und bilden für jeden Gebildeten in dem Wiederfinden und Erkennen des längst Vergessenen eine Quelle lehrreicher Unterhaltung und höheren Vergnügens.

Die Wichtigkeit der Wasserzeichen in neuerer Zeit für Werth- und Staatspapiere, für wichtige Briefe und Dokumente (es wurden erst jüngst bei einem Prozesse Falsifikate nur auf Grund des Wasserzeichens nachgewiesen), für künstlerisch werthvolle Stiche und Drucksachen, sei hier nur kurz in Erinnerung gebracht.

Die äusseren Merkmale im Papiere interessierten denn unsere Gelehrten schon seit über 100 Jahren, doch war es erst der jüngsten Forschung und dem mit dem Mikroskope bewaffneten Auge vorbehalten, viele von den ersten Forschern in dieser neuen Wissenschaft gemachte Fehler zu verbessern und Irrthümer aufzuklären.

So war es, um ein Beispiel anzuführen, ein grosser Irrthum unserer Forscher, die meisten Papiere der vorigen Jahrhunderte und alle vor 1390 erzeugten für Baumwollenpapiere zu erklären; dieser Irrthum erklärt sich aus dem weichen, angenehmen Griff der mittelalterlichen Papiere. Diese irrige Erklärung wurzelt nun aber so fest, dass man noch tüchtige und belesene Gelehrte von den alten Baumwollpapieren berichten sieht.

Wie wichtig schon unseren Vorfahren die Bestimmung der Papiere nach Alter und Herkunft erschien, erkennen wir an der nicht unbedeutenden deutschen und ausländischen Litteratur über diesen Gegenstand. Besonders sind es die Wasserzeichen, die immer wieder als vorzügliches Mittel für Alters-, Herkunfts- und Ächtheits-Bestimmungen angezogen werden. Für die sich dafür interessierenden Leser erwähne ich folgende bemerkenswerthe Werke über diesen Gegenstand:

Joh. Gottl. Imman. Breitkopf, Versuch den Ursprung der Spielkarten, die Einführung des Linnenpapiers etc. zu erforschen, Leipzig, 1784.

Gotthelf Fischer, Versuch die Papierzeichen als Kennzeichen der Alterthumskunde anzuwenden, Nürnberg, 1803.

Friedrich Guntermann, Die älteste Geschichte der Fabrikation des Linnenpapiers, Serapeum, 1845.

Sotzmann, Entgegnungen darauf, Serapeum, 1846.

Bodemann, Die Incunablen der Kgl. Bibliothek zu Hannover.

Southeby, Paper Marks, 1858.

B. Hausmann, Die Wasserzeichen der Papiere der Dürer'schen Kupferstiche etc., Hannover, 1861.

Fr. Wibiral, L'iconographie d'Antoine van Dyck, Leipzig, 1877.

Ausser diesen wenigen Schriften behandeln noch eine ganze Reihe wichtiger Werke und einzelner in Zeitschriften verstreuter Nachrichten unseren Gegenstand.

Als sehr bedeutende Sammler und Forscher der heutigen Zeit auf dem Gebiete der alten Papiere seien die dem Verfasser durch brieflichen Verkehr bekannt gewordenen Herren *C. M. Briquet* in Genf und *A. Zonghi* in Fabriano genannt. Letzterer besitzt eine grosse Sammlung mit einigen tausend Stück italienischer Originalpapiere des Mittelalters. Ersterer zeichnet sich durch ausserordentlich fleissiges, vielseitiges Fach-Studium, besonders der Wasserzeichen, aus. Ihm verdankt die Wissenschaft die gründliche Widerlegung der Fabel des Baumwollpapiers der Alten[1] und eine Reihe höchst werth-

---

[1] La légende paléographique du papier de coton, par *C. M. Briquet*, Genève 1884.

voller Werke über die Wasserzeichen verschiedener Archive;[1] seine letzten, in allgemeinen Umrissen bekanntgegebenen Studien beziehen sich auf nicht weniger als etwa 10,000 Bände und einzelne Aktenstücke einer grossen Reihe italienischer Archive des Vatikans, des Staates und der Provinzen, in denen er 11,000 verschiedene Wasserzeichen mit 7500 Arten und 1200 wohl charakterisierten Gruppen unterscheidet. Beiden genannten Herren dankt Verfasser verbindlichst für die so bereitwillig gegebenen Aufschlüsse über die Fragen, die ihm beim Studium der nachbeschriebenen Papiere entgegentraten.

Im Jahre 1885 war es dem Verfasser vergönnt, die reichen Papierschätze des historischen Archives der Stadt Frankfurt a. M. zu durchforschen. Der Reichthum erwies sich so gross, dass allein die wohlgeordneten Bücher und einzelnen Aktenstücke des XIV. Jahrhunderts eine bedeutende Aufwendung von Zeit und Ausdauer zur gründlichen Durchforschung beanspruchten.

Die Erkenntniss, dass gerade Frankfurt a. M. als ein Centrum mittelalterlichen Verkehrs ein besonders wichtiger Sammelpunkt der Papiere von den verschiedensten Erzeugungsstellen sein möchte, veranlasste mich zu deren Durchforschung. Die unermüdliche, liebenswürdige Bereitwilligkeit, mit der mich der damalige Stadtarchivar Herr Dr. *Hermann Grotefend* auf die betreffenden Archivalien hinwies und mit der er mir die nöthigen archivalischen und historischen Erläuterungen gab, erleichterte mir, dem Laien in archivalischen Forschungen, die mühevolle Arbeit, der ich mich als moderner Papiermacher mit regem Interesse widmete. Es sei mir gestattet, an dieser Stelle Herrn Dr. *Grotefend* für seine thatkräftige Unterstützung besonderen Dank zu sagen!

Die nachfolgenden Blätter enthalten die Ergebnisse meiner Studien über die Beschaffenheit und insbesondere über die Wasserzeichen der Papiere des Stadtarchivs in Frankfurt a. M., welche aus dem XIV. Jahrhundert auf unsere Zeit gekommen sind.

Kapitel I giebt eine, wenn auch vielen der Leser wohlbekannte, dem Laien vielleicht nicht unwillkommene, kurze Erläuterung der Handpapierfabrikation und der Entstehungsweise des getreuen Abbildes des wichtigsten Werkzeuges, der Schöpfform, also des Papierblattes mit seinen äusseren, deutlich mit blossem Auge erkennbaren, charakteristischen Merkmalen.

Kapitel II gibt in tabellarischer Form eine Uebersicht der in den Papieren gefundenen Wasserzeichen; diese sind nach den Gegen-

---

[1] u. a. Papiers et filigranes des archives de Gênes, par C. M. *Briquet*, Genève 1888.

ständen, welche sie darstellen, in Gruppen geordnet. Eine zweite Tabelle stellt die Wasserzeichen nach der chronologischen Folge ihres Vorkommens zusammen. Die Nachbildungen der Wasserzeichen beruhen auf genauen Durchpausungen in der Originalgrösse; wo bei einzelnen Figuren Papier-Merkmale, wie z. B. Rippung und Bodendrähte, fehlen, sind sie auf den Originalen unkenntlich.

Kapitel III giebt Angaben und Vermuthungen über die Herkunft der Papiere, sowie einige allgemeine Bemerkungen über die Bedeutung der Wasserzeichen.

Den Herren Justizrath Dr. *Adolf von Harnier* und Dr. *Friedrich Schmidt-Polex* zu Frankfurt a. M., durch deren freundliches Entgegenkommen der Druck dieser Arbeit aus den Mitteln des von ihnen verwalteten Dr. Johann Friedrich Böhmerschen Nachlasses ermöglicht wurde, sowie dem dortigen Stadtarchivar Herrn Dr. *Rudolf Jung,* durch dessen Rath und Beihülfe ihre Herstellung wesentlich erleichtert und gefördert wurde, gestatte ich mir schliesslich meinen besonderen Dank auszusprechen.

Wenn meine Arbeit als Mittel zur Altersbestimmung mittelalterlicher Papiere beiträgt und Anregung zu weiteren, ähnlichen Arbeiten und Veröffentlichungen giebt, so ist ihr Zweck erreicht.

Chemnitz, Uhlichstrasse 2.
August 1892.

Ernst Kirchner.

I.

Die Herstellung der mittelalterlichen Handpapiere und deren Merkmale.

Die mikroskopische Betrachtung der in unseren Papieren des Mittelalters wohlerhaltenen Fasern ergiebt, dass wir es in allen mit zerstörten Geweben aus Leinen- und Hanffasern zu thun haben. Die Chinesen und Japanesen schlugen und schlagen noch heute mit einfachen, doppelten, vielleicht auch dreifachen Ruthenstöcken ihre durch Kochen oder Rösten oder durch den Fäulnissprozess erweichten Rohmaterialien. Ob diese Schlagarbeit mit der Hand bei den Arabern im Orient und bei den ersten Papiermachern im Occident auch angewendet wurde, ist noch eine offene Frage. Anzunehmen ist wohl, dass die Lumpenstoffe der Papiere des XIV. Jahrhunderts, von denen hier speziell die Rede ist, schon eine energischere mechanische Bearbeitung, nach der Erweichung durch Faulen, mittelst von Wassermotoren betriebenen Stampfwerken erfuhren.

Die im feuchten Zustande mechanisch verfeinerten Stoffe wurden in der sogenannten Schöpfbütte von hinreichender Grösse in einen wässerigen Brei aufgelöst und dann auf der Schöpfform in Bogen geschöpft. Dieses wichtigste Werkzeug bei der Handpapiererzeugung, *die Schöpfform*, besteht aus einem in den Ecken solide verzinkten Holzrahmen R (Fig. 1 und 2), der ein Gitter aus Seidenfäden, Bambusstäbchen oder Metalldrähten G trägt, die parallel mit der Länge des Rechteckrahmens verlaufen und die in hölzernen Querleisten Q 1 oder Querdrähten Q 2 ihre Unterstützungen finden. Oben auf dem Gitter G ist das Wasserzeichen W aus Draht oder Blech befestigt. Eine Verbindung der Gitterfäden oder Stäbchen mit angewendeten hölzernen Unterstützungen Q 1 scheint gefehlt zu haben, dagegen geschah die Verbindung dieser Gitterfäden etc. G mit den unterliegenden Querdrähten Q 2 und des Wasserzeichens mittelst feiner Bindefäden aus Seide oder Draht (Fig. 7 und 8) oder mittelst eines Löthmaterials (Fig. 14); ausnahmsweise findet man auch die Gitterdrähte in gegenseitiger Lage durch eine in Fig. 9 dargestellte Verwebung gesichert.

Fig. 10 giebt eine schematische Wiedergabe des Bildes dieser Einzelnheiten im Papierblatt. Die Gitterdrähte wurden meist von gleicher, öfters auch von verschiedener Dicke ausgeführt, wie in Fig. 4, 5 und 6 dargestellt ist und wie sie im Papier ähnlich Fig. 10, 11, 12 sich abzeichnen. Fig. 3 zeigt keine Befestigungsart des Wasserzeichens, wird aber wahrscheinlich durch die zwischengesponnenen dünneren Fäden der Kreisflächen ersetzt. Fig. 13 zeigt ein durch Bindung befestigtes, Fig. 14 ein mit Löthung befestigtes Draht-Wasserzeichen in natürlicher Grösse. Bei der Schöpfarbeit giebt ein ebenfalls mit solider Verzinkung ausgeführter, loser Rahmen oder Deckel D (Fig. 1 und 2) die Dicke des zu schöpfenden Papierblattes.

Der Papiermacher oder Büttengesell fasst mit beiden Händen die Schöpfform R mit aufgelegtem Deckel D an den schmalen Rechteckseiten, fährt in schrägflacher Lage in den aufgerührten Inhalt der Schöpfbütte und hebt die Form in wagrechter Lage unter sanftem Schütteln aus der Flüssigkeit; das Wasser fliesst durch die Zwischenräume der Gitterdrähte ab und reisst den grösseren Theil der Fasern in diese Zwischenräume, so dass jeder Hauptdraht, jeder Zwischendraht, jede Querunterstützung, jeder Bindedraht und jedes Wasserzeichengebilde sich genau abzeichnen und in ihrer Gesammtheit als plastisches, negatives Abbild der Schöpfformoberfläche im Papierblatt sich abheben; gegen das Licht gehalten werden wir, der Dicke der Stofflage entsprechend, helle und dunkle Stellen im Papierblatt unterscheiden können, d. h. ein getreues Abbild der Schöpfform vor uns haben, das uns Kunstgebrauch, Geschick und Geschmack längst vergangener Zeiten und Geschlechter unverändert wiederspiegelt, ja das ab und zu durch volle Namennennung uns Erzeuger und Herstellungsgegend deutlich verräth.

Die ausserordentliche Mannigfaltigkeit in der Gitterweite, Drahtstärke, ob einfach- (Fig. 4), doppel- (Fig. 5), buntgegittert (Fig. 6) oder gerippt, in der Unterstützungs- oder Bodendrahtentfernung, in der Anwendung von Bindedrähten, in der unendlich verschiedenen (spätestens nach 25 Jahren wechselnden) Formgebung der Wasserzeichen giebt uns aber die in der Einleitung bereits erwähnten, leicht unterscheidbaren und sicheren Mittel zur Bestimmung des Alters und der Herkunft.

Zur Fertigstellung des auf der Form erhaltenen Papierblattes gehört noch, dass dasselbe durch Abdrücken (Abgautschen) auf einen Filz von der Form befreit, mehrfach übereinander gelegt (in Pausche geordnet), ausgepresst, in einzelnen Bogen getrocknet, geleimt, wieder getrocknet, geglättet, gezählt und in Riesse gepackt wird.

Einleuchtend ist, dass auch das Format — Länge, Breite und Dicke
der Papierblätter — welches durch die Schöpfform bestimmt wird, zu
den leicht festzustellenden, wichtigen Merkmalen gehört, sowie dass
je nach dem angewendeten Werkzeug, nach der Stoffqualität und
nach der Grösse und Dicke des Papierblattes das eine oder andere
Merkmal undeutlich sein oder ganz fehlen kann.

Ausser den vorbeschriebenen Merkmalen interessieren aber die
gründlichere Forschung noch eine ganze Reihe anderer Eigen-
schaften des Papiers. Ich will daher der Reihenfolge nach die voll-
ständige Analyse eines Papiers geben:

1. *Das Format.* Länge und Breite in Millimetern ist nur bestimm-
   bar, wenn alle Schöpfränder erkennbar sind. Die Dicke ist in
   Zehntel und Hundertstel Millimetern mit Dickenmesser, der
   Hundertstel-Millimeter-Ablesung zulässt, zu bestimmen.

2. *Querunterstützungs- oder Bodendrahtentfernung* kann in Millimetern
   gegeben oder bei Durchzeichnung des Wasserzeichens angegeben
   werden; dieselbe ist sehr verschieden und wechselt oft bei ein
   und demselben Blatt, öfter ist sie an der Stelle weiter, wo sich
   das Wasserzeichen befindet, oft ist mitten durch das Wasserzeichen noch ein festigender Hülfsdraht gelegt. Die einzelne
   Unterstützung kann deutlich erkennbar, verschwommen und
   ganz unsichtbar sich darstellen. Auch kann die Linie breit,
   mittelbreit und fein erscheinen.

3. *Gitterung oder Rippung.* Für Bestimmung der Längsfäden- oder
   Drähteentfernung des Gitters kopiert man auf der Durchzeichnung
   des Wasserzeichens 11 oder 21 helle Linien dieser Gitterung
   oder man misst von der 1. bis 11. resp. von der 1. bis 21. hellen
   Linie in Millimetern und dividiert durch 10 resp. 20, so hat man
   die durchschnittliche Gittertheilung oder Rippung in Millimetern;
   ferner bemerkt man, ob man einfache, doppelte oder bunte
   Rippung im Papier hat, ob die einzelnen Gitterfäden deutlich
   erkennbar, verschwommen oder unsichtbar sind und ob endlich
   der einzelne Strich breit, mittelbreit oder fein sich darstellt.

4. *Bindedrähte oder Löthung.* Hierfür ist auf der Durchzeichnung
   schematisch nach Fig. 3, 10, 13 und 14 entsprechender Ver-
   merk zu machen oder in der Beschreibung zu sagen: Bindedrähte fehlen, oder: schwach erkennbar, oder: jeder Gitterdraht,
   jeder zweite, jeder dritte Gitterdraht gebunden.

5. *Das Wasserzeichen* ist nach dem darstellenden Gegenstande zu
   benennen und Durchzeichnung in natürlicher Grösse zu nehmen;

wo es fehlt, ist dies ausdrücklich zu sagen. Wo ein Wasserzeichen ist, bemerke man, ob deutlich, kenntlich, verschwommen,
undeutlich, ob Bindedrähte oder Löthung sichtbar, ob die Linien
der Kontur breit oder mittelbreit oder fein sind.

Alle unter 2 bis 5 gegebenen Merkmale lassen sich ganz bequem
und deutlich auf einer Durchzeichnung vereinigen.

Wo an den Merkmalen Verschiebungen und Fehler, z. B. Verschiebungen an den Konturen der Wasserzeichendrähte (wie Fig. 113)
bemerkt werden, gebe man dieselben genau wieder, denn sie bilden
nicht weniger ein sehr charakteristisches Merkmal und man kann sie
ab und zu an ganz weit entfernten Orten wiederfinden und kann
dann den sicheren Schluss ziehen, dass diese, gleiche Fehler zeigenden
Papiere auf einer und derselben Form, am gleichen Ort und zu
gleicher Zeit geschöpft sind.

Hierdurch sind aber die Merkmale eines zu analysierenden
Papieres keineswegs erschöpft; man kann vielmehr die Papiere noch
unterscheiden nach

6. *Dem Griff:* Ob weich, mittelweich oder hart sich anfühlend;
7. *Der Glätte:* Ob rauh, geglättet oder sehr glatt, mit näherer
   Unterscheidung, ob ein- oder zweiseitig glatt, ob oberflächlich,
   strichweise oder gleichmässige, über die ganze Fläche sichtbare
   Glättung; die Glättung wurde durch Handarbeit mit einem
   glatten Steininstrument auf harter, glatter Unterlage ausgeführt;
8. *Der Festigkeit,* durch Reissprüfung mit der Hand: Ob gut,
   ziemlich gut und gering; die Festigkeit kann auch mit Festig-
   keitsmessern durch Zerreissen eines Papierstreifens bestimmt
   werden, wodurch ich z. B. an einigen Frankfurter Papieren des
   XIV. Jahrhunderts noch 3000 Meter und mehr Reisslänge fand;
9. *Dem Farbenton der Durchsicht:* Ob gelblich, bräunlich, röthlich,
   grünlich etc.
10. *Der Lagerung der Fasern:* Ob gleichmässig oder wolkig;
11. *Der Feinheit der Faser:* Ob fein und kurz, grob und lang;
12. *Der Reinheit des Stoffes:* Ob reinfaserig oder mit einigen kleinen
    Schäben oder mit vielen feinen und groben Schäben untermischt;
13. *Der Gilbung:* Ob dieselbe nur an den Rändern oder über ganze
    Flächen ausgedehnt ist, ob dieselbe nur rothbräunlich oder braun
    oder dunkelbraun sich ausgebildet hat;
14. *Der Leimung:* Ob dieselbe gut oder schlecht ist; in unseren
    Frankfurter Papieren sind schlecht, aber auch ausgezeichnet gut
    geleimte Papiere; bei letzteren darf man zweimalige thierische
    Leimung annehmen;

15. *Dem mikroskopischen Befunde:* Ob das Papier kurz und scharf zusammengemahlene Fasern oder vorsichtig gemahlene, dann stets aufgespaltene Fasern zeigt, ob wir es mit Leinen- und Hanffasern oder mit anderen Pflanzenfasern zu thun haben.

Genauere Untersuchungen über die Leimung, ob Stärke oder thierische Gallerte angewendet wurde, setzen chemische Kenntnisse und die nöthigen Reagentien voraus. Mikroskopische Untersuchungen erfordern ein gutes Instrument mit 90 bis 100 facher linearer Vergrösserung, pflanzenhistologische Kenntnisse und Uebung im mikroskopischen Sehen.

Die Wasserzeichen werden immer das wichtigste Merkmal über Alter und Herkunft der Papiere bleiben, doch können auch öfter die anderen Merkmale uns über derartige Fragen Anhaltspunkte geben: so z. B. die Anwendung grober oder feiner Drahtgitter, die verschiedene Art der Unterstützung und Verbindung der Formdetails. Auch aus dem Fehlen gewisser Merkmale lassen sich Schlüsse ziehen: ganze Bogen ohne Wasserzeichen sind mit Sicherheit als orientalisches Fabrikat früherer oder späterer Zeit oder aber als occidentalisches vor Anfang des XIV. Jahrhunderts zu erkennen, denn es steht fest, dass die Einfügung von Wasserzeichen erst um das Jahr 1300 allgemeiner Papiermachergebrauch in Europa wurde, ein Gebrauch, den die orientalische Papier-Industrie nicht annahm. Es kann aber auch ein Wasserzeichen sehr dünnlinig ausfallen und bei dickeren Papieren sehr schwer zu erkennen sein.

Es sei schliesslich hervorgehoben, dass wir gerade in den Frankfurter Papieren einen auffälligen Unterschied in den mechanischen Zerstörungserscheinungen der Fasern im Papiere beobachten können. Wir finden solche, in denen die Fasern kurz und abgeschnitten, also nur in der Länge wie durch scharfe Messer getheilt erscheinen, und solche, die durch stumpfe Schlagwerkzeuge zermalmt und quer aufgespalten sich darstellen. Ob nur die verschiedene Beschaffenheit der Stampfhämmer oder ganz verschiedene Arbeitsmaschinen diese merklichen Unterschiede in der Zerstörung der Fasern herbeiführten, muss einer genaueren Untersuchung vorbehalten bleiben.

II.

A. Verzeichniss der Frankfurter Archivalien, aus denen die Wasserzeichen entnommen sind.

1. Bartholomaeus-Stifts-Bücher . . . . B
2. Bedebücher der Ober- und Niederstadt . . . . Bb
3. Bürgerbücher . . . . Bgb
4. Bürgermeister-Botenbücher . . . . BBb
5. Einwohner-Verzeichniss von 1387 . . . . E
6. Gerichtsbücher . . . . Gb
7. Juden-Urkunden. (Ugb E 43) . . . . . . J
8. Insatzbücher . . . . Ib
9. Rechenbücher . . . . Rb
10. Reichssachen . . . . Rs
11. Währschaften . . . . W

Von diesen Archivalien sind nur die »Reichssachen« in Kanzleien ausserhalb Frankfurts beschrieben, alle anderen stammen entweder aus städtischen Aemtern oder, wie Nr. 1 und 7, aus privaten Schreibstuben in Frankfurt a. M.

Um eine leichtere Uebersicht über einmaliges, zweimaliges, öfteres und sehr häufiges Vorkommen der Zeichen zu gewinnen, sind in der nachfolgenden Uebersicht B die einmal vorkommenden Zeichen nicht weiter bezeichnet; die zweimal gefundenen sind mit einem Stern (*), die mehrmals gefundenen mit zwei Sternen (**) und die sehr häufig vorkommenden mit drei Sternen (***) bezeichnet.

Für die Bestimmung des Vorkommens an anderen Orten benutzte ich die freundlichen Mittheilungen des Herrn A. Zonghi in Fabriano, das schon erwähnte Werk des Herrn C. M. Briquet über die Papiere der Genueser Archive, sowie manche mir freundlichst gemachte Mittheilungen.

B. Uebersicht über die Wasserzeichen nach den von ihnen dargestellten Gegenständen.

Fig.	Dargestellter Gegenstand	Enthalten in	Beschrieben Jahr	Beschrieben Ort	Bemerkungen	Kommt auswärts vor Jahr	Kommt auswärts vor Ort
					A. Namen und Buchstaben.		
15	Ugolino A.	Bgb I.	1312	Frankfurt	Das älteste Papier des Archivs und eines der ältesten in Deutschland. Wasserzeichen vom Verfasser im Falz des Buches entdeckt, von Herrn C. M. Briquet in Genf gelesen. Krieyk beschreibt in den Mittheilungen des Frankfurter Vereins für Geschichte und Alterthumskunde I, 322 ff. das Buch näher, hat aber wie andere Untersucher das Wasserzeichen übersehen. Ganze Namen der Papiermacher u. Sortenbezeichnung oft in Italien, ähnlich		
16	P	Rs 192^a	1389	Falkenberg	Bruchstück. Brief eines Thiele v. Falkenberg. Vollständiges P m. Kreuz:	1307—36	Genua.
17	G***	Gb XXIX, Fol. 50, 63, 92.	1390	Frankfurt	Sehr schön gezeichnetes G.	1375—89	Görlitz.
18	S	Rs 522.	1397	Ensisheim	Schreiben des Herzogs Leopold v. Oesterreich. Sehr schön gezeichnetes S (vielleicht Stromer in Nürnberg?)	—	—
19	B oder Bogen . .	Rs 188^a	1389	Cronberg i. T.	Schreiben dreier Ritter von Cronberg. Es erscheint zweifelhaft, ob ein B oder ein Bogen mit schlaff hängender Sehne gemeint ist.	—	—

B. Waffen- und Rüstungsstücke.

20	Baum oder Kriegskeule*	Gb L.	1333	Frankfurt	Zwei wenig verschiedene Zeichen in dem einen Gerichtsbuch.	—	—
21	Viertheiliger Schild**	Gb II.	1340	Frankfurt	Dieses Zeichen in Italien nicht bekannt.	1326—45	Genua.
22	Bogen mit Pfeil*	Gb VIII.	1361	Frankfurt	Aus der städtischen Kanzlei. Das gewöhnlich im Süden und Italien bekannte Zeichen.	—	—
23	Bogen mit Pfeil*	Rs 128b.	1382	Hagenau		1335—95	Genua.
24	Jagdhorn**	Gb XXII, Fol. 53; W IX, Fol. 121.	1383 (bz. 1192)	Frankfurt	Verschiedene Formen und öfteres Vorkommen. Für Venediger Marke gehalten.	1323—1456	Genua.
25	Krone***	Bb, Gb, Rb.	1385—89	Frankfurt	Sehr häufig mehrere ganze Bücher mit diesem Zeichen.	1424—33	Genua.
26	Helm mit Visir	Rs 209.	1390	Battenberg	Schreiben des Friedrich von dem alten Hause Battenberg.	—	—
27	Abmütze	W IX, Fol. 128.	1392	Frankfurt	In dieser Form von Zonghi als Fabrianoer Marke erklärt, auch wohl Dreiberg genannt. Aehnlich:	1356—1444	Genua.
28	Dolch***	Bb, Rb, Ib, J.	1397—98	Frankfurt	Prachtvolles Papier, sehr häufig in Bedebuch ganze Bücher. Ursprung nach Zonghi.	gleichzeitig	Venedig.
29	Handschuh*	Rs 338.	1400	Metz	Aus der städtischen Kanzlei. Zonghi erklärt diese Marke für Venediger Fabrikat, aber erst in dieser Form gefunden in Venedig;	1436	Venedig.
	Aehnlich	Rs 188b.	1389	Hanau oder in d. Wetterau	Schreiben mehrerer mit Ulrich v. Hanau verbündeter Adeliger.	—	—
30	Schwert mit Scheide	Rs 627.	1400	Cronberg i. T.	Schreiben eines Ritters v. Cronberg. Zonghi meint vielleicht Venedig?	—	—

2*

Fig.	Dargestellter Gegenstand	Enthalten in	Beschrieben Jahr	Beschrieben Ort	Bemerkungen	Kommt auswärts vor Jahr	Kommt auswärts vor Ort
	C. Geschlechts-, Landes- und Stadtwappen.						
31	Doppelschlüssel (?)	Gb IV.	1346	Frankfurt	Dieses einmal vorkommende Zeichen könnte auch eine Scheere oder Zange darstellen. Aehnlich:		Genua.
32	Doppelschlüssel	Rs 379b	1447	Cronberg i. T.	Vermuthlich ein Stadtwappen; von Zonghi für Fabriano-Marke erklärt.[1]	—	Fabriano.
33	Lilie	W XI, Fol. 204.	1394	Frankfurt	Vermuthlich französischen Ursprunges, nach Zonghi vielleicht aus Venedig.	—	Venedig?
34	Wappenschild mit Lilie	Rs 525.	1397	Colmar	Aus der städtischen Kanzlei. Ebensolchen Ursprunges. Zonghi nicht bekannt.	—	—
35	Lilie	Rs 484[2].	1398	Hagenau	Schreiben des Elsässischen Landvogtes. Ebensolchen Ursprunges. Nach Briquet ähnlich:	1324	Genua.
36	Doppelthurm	W XVI, 228r u. 228.	1399	Frankfurt	Von Briquet als ältestes ihm bekannt gewordenes Exemplar der Ravensburger Thürme erklärt. Nach Güntermann in Ravensburg schon 1324?	1324	Ravensburg.
	D. Diverse Zeichen.						
37	Kreuz	Gb I.	1335	Frankfurt	Einziges überklebtes Exemplar.		
38	Spitzes Kreuz oder Kreuzspitze*	Gb IV.	1349	Frankfurt	Ausser diesem Zeichen noch ein weiteres Exemplar ohne den Spitzenknopf im Gerichtsbuch 1350—54. Fol. 58—59.	1310—18	Genua.

[1] Dieses Wasserzeichen aus späterer Zeit in einem undatierten Cronberger Schreiben ist in dem betr. Faszikel der Reichssachen falsch 1393 datiert und war deshalb irrig unter meine Zeichnungen aufgenommen worden.

39	Reichsapfel**	Bb II, Fol. 81-84	1354	Frankfurt	Von Zonghi für Venediger Fabrikat gehalten.	—	Venedig.
40	Reichsapfel**	Gb VIII.	1361	Frankfurt	—	—	—
41	Doppelhorn**	Gb XXII.	1382	Frankfurt	Nach Zonghi vielleicht Venediger Fabrikat.	—	Venedig.

E. Phantasiegebilde.

42	Drache*	Gb IV, Fol. 154.	1349	Frankfurt	In dieser Form bisher unbekannt. Aehnlich:	1325—1476	Genua.
43	Mondsichel**	Gb XX, Fol. 48-51	1380	Frankfurt	Von Zonghi bestimmt als Fabriano-Marke erklärt.	1380	Fabriano
44	Skorpion	Rs 431*.	1394	Mainz	Schreiben eines Dieners des Erzbischofs von Mainz.	—	—

F. Glocken oder Felle.

45	Glocke	Gb I.	1335	Frankfurt	Bruchstück, ein überklebtes Blatt.	—	—
46	Glocke	Gb IV.	1346	Frankfurt	Nach Zonghi Ursprung aus Fabriano möglich.	—	—
47	Felle oder Glocken**	W IX. Fol. 121.	1392	Frankfurt	Nach Zonghi Ursprung aus Fabriano gewiss.	—	Fabriano.
48	Glocke***	Bb, Ib.	1369	Frankfurt	Auch schon Bedebuch der Oberstadt 1621, Fol. 29. Nach Briquetähnlich.	1313—40	Genua.
49	Glocke***	Zahlreiche Bücher des XV. Jahrhunderts.	1400	Frankfurt	Nach Zonghi bestimmt Fabriano-Marke.	—	Fabriano.

G. Menschenkopf und Hand.

50	Mohrenkopf mit Doppelschleife**	Gb XX, Fol. 22-35	1380	Frankfurt	Nach Zonghi Venediger Ursprunges; kommt auch als Bruchstück mit darüber schwebendem Kreis vor — Auch Rs 172* im Schreiben des Grafen Joh. v. Nassau aus Siegen von 1387.	—	Venedig.

Fig.	Dargestellter Gegenstand	Enthalten in	Beschrieben		Bemerkungen	Kommt auswärts vor	
			Jahr	Ort		Jahr	Ort
51	Mohrenkopf mit einfacher Schleife.	Rs 448.	(ca. 1425?)	Frankfurt	Abschrift der Stadtkanzlei.	—	—
52	Hand oder Fischschwanz	B I, 37 Fol. 18.	1350	Frankfurt	—	—	—
53	Hand mit Kerze oder Einhorn mit Stern**	Bb Oberst. W X, Fol. 18ja.	1393	Frankfurt	—	—	—

M. Kreiszeichen.

Fig.	Dargestellter Gegenstand	Enthalten in	Beschrieben		Bemerkungen	Kommt auswärts vor	
			Jahr	Ort		Jahr	Ort
54	Zwei Kreise mit Strich und Kreuz Oben***	B, Bb, Bgb, Gb.	1336—69	Frankfurt	Diese ausserordentlich häufigen Zeichen finden sich in etwa 18 verschiedenen Varietäten theilweise in ganzen Büchern vertreten. Von Zonghi bestimmt als berühmte Fabriano-Marke erklärt.	1397	Sitten (Schweiz)
55	Zwei Kreise mit Strich und Kreuz Oben***	Rb.	1336—69	Frankfurt		1325—46	Fabriano.
56	Zwei Kreise mit Strich und Mittelkreuz ***	B, Bb, Gb, Rb.	1350—70	Frankfurt		1306—98	Genua.
57	Zwei Kreise mit Strich ohne Kreuz***	Bb, B, Gb, Rb.	1346—68	Frankfurt		1352 1382	Fabriano. Turin.
58	Zwei Kreise mit Strich ohne Kreuz***	Rb, B IV, 14.	1350—57	Frankfurt		1339—49 1321—46	Genua. Fabriano.
59	Zweiconcentrische Kreise mit Kreuz***	B, Bb, Rb.	1350—58	Frankfurt	Von Zonghi für Venediger Zeichen gehalten (?).	—	—
60	Zwei conc. Kreise mit Doppelkreuz u. Zwischenmarken ***	Gb V. Fol. 87-94.	1352	Frankfurt	Ebenso.	—	—
61	Strich mit zwei Sternen u. zwei Kreisen daneben***	Bb Oberst 1370. F. 22. Gb X, F. 62	1367—70	Frankfurt	Scheint nicht in Italien bekannt.	—	—

¹) Die Urkunde trägt das Datum 1397. ist aber eine frühestens ca. 1425 angefertigte Abschrift, was mir bei Anfertigung der Zeichnung nicht bekannt war.

Nr.					Bemerkungen		
62	Zwei Kreise mit Strich und Mittelstern***	Bb, Gb.	1370—72	Frankfurt	Kommt nach Briquet in Italien vor.	—	—
63 u. 64	Zwei Kreise mit Stern oben ***	Bb, Gb.	1374—79	Frankfurt	Unter anderem im ganzen Bedebuch von 1394.	—	—
65	Zwei Kreise mit zwei Sternen	Gb XIX.	1178	Frankfurt	—	—	—
66	Zwei Kreise mit Stern oben. dritter Kreis daneben	Gb XXII, F. 119	1182	Frankfurt	—	—	—
67	Ein Kreis, Strich und zwei Sterne***	Bb, Gb.	1370—72	Frankfurt	—	—	—
68	Zwei Kreise, Strich und zwei Sterne	Bb Niederst.F.3ff.	1176	Frankfurt	—	—	—
69	Zwei Kreise, Strich, zwei Sterne oben und unten	Rs 269r.	1191	Basel	Aus der städtischen Kanzlei.	—	—
70	Ein Kreis, Strich und zwei Sterne	Gb XXXII, Fol. 36.	1193	Frankfurt	—	—	—

J. Rosenzeichen.

Nr.					Bemerkungen		
71	Sechsblättrige Rose**	Rtb.	1380—83	Frankfurt	Zonghi kennt dies Zeichen nicht; ich halte es für eine französische Marke.	—	—
72	Sechsblättrige Rose mit Stern	W. XI,Fol.204ffl.	1194	Frankfurt	Später in Deutschland sehr beliebtes Papiermacherzeichen.	—	—
73	Vielblättrige Rose***	Bb, Gb.	1194—96	Frankfurt	Nach Zonghi eine Venediger Marke.	—	Venedig.
74	Siebenblättrige Rose	Rs 301f.	1196	Frankfurt	—	—	—

K. Geräthe.

Nr.					Bemerkungen		
75	Schmelztezange*	Gb II Fol. 101 f	1342	Frankfurt	Von Zonghi als Fabriano-Marke bezeichnet.	—	Fabriano.
76	Pincette od. lädirte-Kreuz	Gb IV Fol. 152 f.	1349	Frankfurt	—	1333	Genua.
77	Schaufel	Bb.	1338	Frankfurt	Scheint nicht bekannt in Italien.	—	—

Fig.	Dargestellter Gegenstand	Enthalten in	Beschrieben		Bemerkungen	Kommt auswärts vor	
			Jahr	Ort		Jahr	Ort
78	Gabel*	Bb.	1359	Frankfurt	Zwei wenig verschiedene Grössen.	—	—
79	Hammer	Rs 56ᵃ	1361	Eltville	Aus der Kanzlei des Erzbischofs von Mainz. Bruchstück. Wahrscheinlich:	—	Fabriano.
80	Axt**	Bb Oberst. I, Fol. 30—35.	1362	Frankfurt	Fünf verschiedene ähnliche Zeichen nach Briquet im Archive zu Genua.	1332—83	Genua.
81	Becher	Gb VIII, F. 46-47	1364	Frankfurt	Dieses sehr verbreitete Zeichen wird verschieden erklärt: nach Gunter-mann eine Siechenklapper; Briquet: Eckrule. Ich möchte es für das alte Schlaginstrument der Papiermacher halten, Zonghi kennt 16 Arten und hält es für eine Fabriano-Marke.	—	Genua.
82	Schläger oder dreizinkige Gabel ***	Gb III.	1342	Frankfurt		1323—1333	Genua.
83	Schläger oder dreizinkige Gabel ***	Gb IX.	1366	Frankfurt		1322—1327	Fabriano.
84	Waage	Rs 111ᵈ	ca. 1380	Salza	Aus der Kanzlei des Erzbischofs Ludwig v. Mainz.	1341—1404	Genua.

L. Diverse Thierköpfe und Thiere.

Fig.	Dargestellter Gegenstand	Enthalten in	Beschrieben		Bemerkungen	Kommt auswärts vor	
			Jahr	Ort		Jahr	Ort
85	Ziegenkopf** . . .	B V, 4).	1350	Frankfurt	Festes, aber schabiges Papier.	—	—
86	Einhornkopf** . .	Rb, Bb.	1361	Frankfurt	Häufiges, später sehr beliebtes Wasserzeichen.	1320—1410	Genua.
87	Eselskopf** . . .	Bgb II, W.XVI, Fol. 228ᵇ.	1399	Frankfurt	Auch Rs 515? in dem Schreiben eines Mainzer Bürgers. Nach Zonghi Wappen der alten Carrara; mehrere Arten in Frankfurt a. M.	—	Venedig.

88	Kalbskopf	GbVIII,F.40-41.	Frankfurt	1363	—	—	Kalbskopf, sein eigenes Fell fressend; vielleicht ein Hohn der Papierer auf die Pergamenter.
89	Widderkopf mit Stange und Stern	Rs 1154.	Reifenberg i. T.	1382	1282	Fabriano.	Schreiben des Ritters Friedrich v. Reifenberg. Nach Zonghi:
90	Mopskopf mit Stange und Stern	Rs 188⁹.	Frankfurt	1389	—	—	—
91	Hirschkopf mit Stange und Fünfblatt	?	Frankfurt	1392	—	Venedig.	Nach Zonghi vielleicht:
92	Hirschkopf mit Stange und Stern	GbXXXIV,F.41.	Frankfurt	1395	1389	Görlitz.	Auch in Görlitz im ältesten Rechenbuche gefunden.
93	Einhornkopf	Rs 431⁴⁵.		1394	—	—	Schreiben des Henne Streuffe von Laudenburg aus der Gegend des Elsass (hie oben im lande).
94	Pferdekopf mit Zaum .	Rs 453¹ᵐ.		1396	—	—	Schreiben des Dietrich Specht von Bubenheim. Bruchstück. Nach Zonghi Fabriano-Marke.
95	Eselskopf	Rs 512⁸.	Mainz	1397	—	Fabriano Venedig?	Aus der städt. Kanzlei; Bruchstück.
96	Pferdekopf mit Zaum .	Gb XXXVIII, Fol. 92.	Frankfurt	1399	—	Fabriano oder Venedig.	Zwei etwas verschiedene Exemplare.

M. Ochsenkopfzeichen.

Ausserordentlich häufiges Auftreten der Ochsenkopfzeichen. In Italien als altes Schauzeichen z. B. für Prima-Gewebe bekannt. In den Frankfurter Papieren äusserst häufige und sehr verschiedene Zeichnungen, wie aus Folgendem ersichtlich. Die Genueser Ochsenköpfe (aus den Jahren 1123—1500)

Fig.	Dargestellter Gegenstand	Enthalten in	Beschrieben		Bemerkungen	Kommt auswärts vor	
			Jahr	Ort		Jahr	Ort
	Ochsenköpfe:				sind sehr abweichenden Charakters. Zonghi führt deren Ursprung auf Venedig zurück. Guntermann will sie den Holbeins in Ravensburg (1501?) zuschreiben, was indess hinfällig; die Deutschen nahmen aber gern und bald dies Zeichen an. Ob es mit dem heiligen Lucas, dem Schutzpatron der Malergilden (denen sich die Papierer des Mittelalters anschlossen), zusammenhangt, ist zu bezweifeln.		
97	mit steifen Ohren ohne Stange	Gb XII.Fol.38.	1371	Frankfurt		—	—
98—100	mit Stange u. Stern ***	Bb, Ib, Gb	1371—73	Frankfurt		—	—
101		Gb XV. Fol.60.	1375	Frankfurt	—	—	—
102	mit Hangeohren, Stange und Stern	E, W, VI.	1387	Frankfurt	—	—	—
103		Rb.	1389	Frankfurt		—	—
104		W X, 179.	1391	Frankfurt	—	—	—
105	desgl., aber andere Schnauze **	Bb Oberst. I.	1385	Frankfurt		—	—
106		J, BBb.	1391	Frankfurt	—	—	—
107	desgl., aber langgezogene Schnauze ***	Hb, Gb, Rb.	1382—86	Frankfurt		—	—
108	desgl., aber andere Schnauze ***	Gb, Rb.	1388—92	Frankfurt	—	—	—
109	desgl., aber andere Schnauze, zwei Stirnbuckel	Gb XXIX, F.23	1390	Frankfurt	—	—	—
110	desgl., kleiner Kopf . .	Gb XXX, F.28.	1391	Frankfurt	—	—	—

						Ravensburg.	
111	desgl., andere Hörner***	Rb, Fol. 5.	1396	Frankfurt	Aus der städtischen Kanzlei.	—	—
112	desgl., andere Schnauze	Rs 180m	1388	Mainz	—	—	—
113	desgl., zwei Stirnbuckel, Ohrlöcher	Bb, Rb.	1390	Frankfurt	—	—	—
114	desgl., zwei Stirnbuckel	J	1391	Frankfurt	—	—	—
115	mit Hängeohren, mit Stange und Stern und drei Stirnhöckern	Gb XVI, Fol.76.	1387	Frankfurt	—	—	—
116			1376	Frankfurt	—	—	—
117	desgl., aber ohne Stange und Stern	W VII, Fol. 81.	1388	Frankfurt	Von Guntermann ähnlich 1312 erwähnt; wenn richtig, so ist dies sehr früh.	—	—
118	mit Hänge- [kleiner Kopf*** ohren,	Bb, J.	1390-91	Frankfurt	Häufig so und ähnlich vorkommend.	—	—
119	Stange und mit Nasenring	Rs 175b	1387	Worms	Aus der städtischen Kanzlei.	1512	—
120	Stern ohne Augen***	Bb, Rb, W	1391	Frankfurt	Häufig und in ganzen Büchern. Es wird das Ravensburger Papier mit dem Ochsenkopf ohne Augen, »so man gern in den Kanzleien nutzte, erwähnt.	—	—
121	mit nach oben stehenden Ohren, Stange und Stern, leierähnlich geschweiften Hörnern,	Gb XXXVIII. Fol. 47.	1389	Frankfurt	Häufig vorkommend, auch ähnliche	—	—
122		Gb XXXVIII.	1389	Frankfurt	—	—	—
123***	mit den Ohren zusammengezogenen Augen u.Schnauzenmarkirung.	Bb, W.	1391-97	Frankfurt	Aehnliche mehrfach vorkommend.	—	—
124**		Bb, Gb	1392-96	Frankfurt	Häufig vorkommend.	—	—
125***		Bb, Ib, W.	1392-98	Frankfurt	—	—	—
126	Verschiedene Ochsenköpfe mit Kreis kombiniert.	W IX, Fol. 129.	1392	Frankfurt	—	—	—
127		W X, Fol. 140.	1391	Frankfurt	—	—	—
128		Gb XXXVIII. Fol. 20.	1309	Frankfurt	—	—	—

Fig.	Dargestellter Gegenstand	Enthalten in	Beschrieben Jahr	Beschrieben Ort	Bemerkungen	Kommt auswärts vor Jahr	Kommt auswärts vor Ort
129	Verschiedene Ochsen-köpfe mit Kreis.	Rs 529.	1397	Eger	Aus der städtischen Kanzlei.	—	—
130		W XVI.	1399	Frankfurt		—	—
131	mit Stange, Blume und Nasenkonturen.	Rs 431⁷⁶	1395	Mainz	Schreiben eines erzbisch. Mainzischen Dieners. Charakter den Genueser Köpfen ähnlich.	—	—
132	mit Blume u. M in der Stange.	Rs 431 m⁴⁷.	1396	Mainz	Aus der städtischen Kanzlei.	—	·
133	mit Blume	Rs 484⁷.	1397	Reichen-weiler	Aus der städtischen Kanzlei. Bruchstück.	—	—
134	mit Stange in Kreuzform	Rs 432 ³⁸.	1394	Nierstein	Schreiben eines Niersteiners. Einziges Exemplar mit Kreuz.	—	—
135	Ochsenkopf-Ornament***	Bb, W XI,20qrrr.	1395	Frankfurt	Im ganzen Bedebuch der Niederstadt.	—	—
N. Halbe und ganze Thiere, Vögel, Fische, Seestern							
136	Halber steigender Ochse mit Dreiblattblume*	Rb, W.	1397—98	Frankfurt		—	—
137	Halber steigender Ochse mit Stange und Stern*	Rs 548⁴.	1398	Cronberg i.T.	Schreiben eines Ritters von Cronberg.	—	—
138	Steigende Ziege . . .	Rb.	1360	Frankfurt	Von Briquet verzeichnet:	1358—73	Genua.
139	Steigende Ziege . . .	Bb Niederst. Fol. 27.	1362	Frankfurt	Bruchstück.	—	—
140	Steigender Hirsch . . .	Gb VIII.	1360	Frankfurt	Zwei ähnliche Exemplare, eins mit Auge, in Frankfurt.	—	—
141	Haubenlerche . . .	B Notizbuch (?)	1350	Frankfurt	Bruchstück. Nach Zonghi Ursprung:	1373	Genua.
142	Storch** . . .	Bb.	1359	Frankfurt	—	—	Venedig.

143	Singvogel *	Bb.	1359	Frankfurt	Zwei wenig abweichende Grössen. Nach Zonghi:	—	Fabriano.
144	Taube	Rs 593.	1399	Niederrhein	Fehdeansage Niederrheinischer Ritter an Flt. Nach Zonghi vielleicht:	—	Venedig.
145	Gans	Rs 341.	1400	Gelnhausen	Schreiben des Hermann Forstmeister. Kommt auch schon in den 1390er Jahren vor.	—	—
146	Fisch**	Gb VIII.	1360	Frankfurt	Kleinere Exemplare wenig ähnlich:	1314—18	Genua.
147	Schiefer Fisch . . .	Bb.	1368	Frankfurt		—	—
148	Seestern	Rs 484.	1397	Schlettstadt	Aus der südlichen Kanzlei.	—	—

O. Blätter, Blumen- und Fruchtgebilde.

149	Vierblatt	Gb I, Fol. 31.	1335	Frankfurt	Ein unterklebtes Exemplar.	1331—41	Genua.
150	Doppelnelke mit Kreuz*	Rb, Fol. 4—13.	1349	Frankfurt		—	—
151	Dreiblatt***	Bb, Jb, Rb.	1362	Frankfurt	In Italien nicht bekannt geworden; Briquet giebt nur sehr kleine Exemplare. Bei uns häufig; Bedebuch II 1362 ganzes Buch.	—	—
152-53	Birne mit zwei Blättern am Ast***	B, Bb, Rb.	1352-69	Frankfurt	Dies schöne, bei uns öfter vertretene Zeichen kommt nach Briquet ganz gleich in Genua vor.	1339—87	Genua.

C. Uebersicht über die Wasserzeichen nach der Zeitfolge des Vorkommens.

Nr.	Wasserzeichen	Figur	Jahr
1	Ugolino A	15	1312
2	Baum oder Kriegskeule	20	1333
3	Vierblatt	149	1335
4	Kreuz	37	1335
5	Glocke	45	1335
6	Doppelkreis	54	1336
7	Schild	21	1340
8	Dreizinkiger Schläger	82	1342
9	Zange	75	1342
10	Zwei Kreise	55	1345
11	Doppelschlüssel	31	1346
12	Fell	46	1346
13	Pincette oder ladirtes Kreuz	76	1349
14	Kreuzspitze mit Knopf	38	1349
15	Drache	42	1349
16	Doppelnelke mit Kreuz	150	1349
17	Hand oder Fischschwanz	52	1350
18	Zwei Kreise	56	1350
19	Doppelkreis	59	1350
20	Ziegenkopf	85	1350
21	Haubenlerche	141	1350
22	Doppelkreis	60	1352
23	Birne mit Blättern	152	1352
24	Reichsapfel	39	1354
25	Birne mit Blättern	152	1354
26	Zwei Kreise	58	1357
27	Schaufel	77	1358
28	Gabel	78	1359
29	Storch	142	1359
30	Singvogel	143	1359
31	Steigende Ziege	138	1360
32	Steigender Hirsch	140	1360
33	Fisch	146	1360
34	Bogen mit Pfeil	22	1361
35	Reichsapfel	40	1361
36	Einhornkopf	86	1361
37	Hammer	79	1361
38	Axt	80	1362
39	Steigende Ziege	119	1362
40	Dreiblatt	151	1362
41	Kalbskopf	88	1363
42	Zwei Kreuse	57	1364
43	Becher	81	1364
44	Dreizinkiger Schläger	83	1366
45	Zwei Kreise	61	1367
46	Fisch, schwerer	147	1368
47	Fell	48	1369
48	Birne mit Blättern	153	1369

Nr.	Wasserzeichen	Figur	Jahr
49	Zwei Kreise	62	1370
50	Kreis	67	1370
51	Ochsenkopf	97	1370
52	Ochsenkopf	98	1371
53	Ochsenkopf	99	1373
54	Ochsenkopf	100	1373
55	Zwei Kreise	61	1374
56	Ochsenkopf	101	1375
57	Zwei Kreise	64	1376
58	Zwei Kreise	68	1376
59	Ochsenkopf	116	1376
60	Zwei Kreise	65	1378
61	Mondsichel	11	1380
62	Mohrenkopf mit Doppelschleife	50	1380
63	Rose, sechsblättrig	71	1380
64	Waage	84	1382
65	Jagdhorn	24	1382
66	Drei Kreise	66	1382
67	Widderkopf	89	1382
68	Ochsenkopf	107	1382
69	Bogen mit Pfeil	23	1382
70	Krone	25	1385
71	Ochsenkopf	105	1385
72	Ochsenkopf	102	1387
73	Ochsenkopf	115, 119	1387
74	Ochsenkopf	108	1388

Nr.	Wasserzeichen	Figur	Jahr
75	Ochsenkopf	112	1388
76	Ochsenkopf	117	1388
77	P	16	1389
78	B oder Bogen mit schlaffer Sehne	19	1389
79	Mopskopf	90	1389
80	Ochsenkopf	103	1389
81	Ochsenkopf	121, 122	1389
82	G	17	1390
83	Helm mit Visir	26	1390
84	Ochsenkopf	109, 113,	1390
85	Zwei Kreise	69	1391
86	Ochsenkopf	106, 110, 114	1391
87	Ochsenkopf	120, 123	1391
88	Abtmütze	27	1392
89	Fell	47	1392
90	Ochsenkopf	124, 126	1392
91	Hirschkopf	91	1392
92	Hand mit Kerze	53	1393
93	Kreis	70	1393
94	Ochsenkopf	104	1393
95	Ochsenkopf	127	1393
96	Lilie	33	1394
97	Skorpion	44	1394
98	Rose, sechsblättrig	72	1394

Nr.	Wasserzeichen	Figur	Jahr
99	Rose, vielblättrig	73	1394
100	Einhornkopf	93	1394
101	Ochsenkopf	125, 128	1394
102	Ochsenkopf	134	1394
103	Hirschkopf	92	1395
104	Ochsenkopf	131	1395
105	Ochsenkopf-Ornament	135	1395
106	Rose, siebenblättrig	74	1396
107	Pferdekopf	94	1396
108	Ochsenkopf	111	1396
109	Ochsenkopf	132	1396
110	Ochsenkopf	133	1397
111	S	18	1397
112	Dolch	28	1397
113	Schild mit Lilie	34	1397
114	Eselskopf	95	1397

Nr.	Wasserzeichen	Figur	Jahr
115	Ochsenkopf	129	1397
116	Halber steigender Ochse	136	1397
117	Seestern	148	1397
118	Lilie	35	1398
119	Halber steigender Ochse	137	1398
120	Eselskopf	87	1399
121	Pferdekopf	96	1399
122	Ochsenkopf	130	1399
123	Taube	144	1399
124	Doppelthurm	36	1399
125	Handschuh	29	1400
126	Schwert mit Scheide	30	1400
127	Glocke	49	1400
128	Gans	145	1400
129	Mohrenkopf mit einfacher Schleife	51	ca. 1425
130	Doppelschlüssel	32	1447

III.

Herkunft der Frankfurter Papiere des XIV. Jahrhunderts; Bedeutung der Wasserzeichen.

Aus den vorstehenden Uebersichten geht hervor, dass die Mannigfaltigkeit der zur Verwendung gekommenen Papiere in der ersten Hälfte des XIV. Jahrhunderts nur eine geringe ist, dass sie aber gegen Ende dieses Jahrhunderts wächst. Immer mehr nehmen die Geschäfte der Kanzleien zu, immer grösser wird der Bedarf in Schreibstoff, die Konkurrenz in der Fabrikation drückt die Preise und gestattet leichte und billige Deckung des wachsenden Bedarfes.

Jedenfalls haben wir uns Italien, Spanien und Frankreich schon lange vor dieser Zeit in blühender papiererzeugender Thätigkeit zu denken. Die Erzeugnisse dieser Länder verbreitete der Handel nach auswärts und ganz besonders nach Deutschland. Unter diesen Ländern besass Italien die entwickeltste Papierfabrikation. Neben Fabriano, dem alten Hauptsitz der Papierindustrie, waren es eine ganze Reihe italienischer Mühlen, die auf dem Weltmarkte sich Konkurrenz machten.

Wenn also zuzugeben ist, dass Italien als Erzeugungsstätte der meisten unserer Papiere zu gelten hat, so weisen doch mehrere unserer Zeichen unzweideutig auf ihre französische und einzelne wohl auch schon auf deutsche Abkunft hin. Ich erwähne beispielsweise das öftere Auftreten der französischen Lilie (Fig. 33, 34, 35), das Doppelthurmwappen (Fig. 36), welches auch von Herrn Briquet für das Zeichen des Ravensburger Papiers gehalten wird, ferner das sehr häufige Auftreten von Zeichen in unseren Akten, die später erst in Italien und im Süden erscheinen, z. B. die Krone (Fig. 25), die in den Frankfurter Archivalien schon Ende der 80er Jahre ganze Bücher füllt, und endlich das gänzliche Fehlen einiger unserer Zeichen in den italienischen Archiven.

Man wird durch gründliche Forschungen und genaue Vergleichungen der Wasserzeichen zu interessanten Aufschlüssen kommen. Es sei hier als Beispiel gewählt:

3

Fig. 13 ist das Wasserzeichen, das in dem nach Annahme gelehrter Forscher etwa 1394 von Ulman Stromer[1] selbst geschriebenen Notizbuch »Püchel über meine Abenteuer und mein Geschlecht« vorkommt. Es ist nun wohl zweifellos, dass, nachdem Stromer seine Papiermühle 1390 nach Erbauung durch Italiener aus der Lombardei und unter deren Beihülfe glücklich in Betrieb gebracht hatte und fortdauernd vergrösserte, er 1394 auf selbstgefertigtem Papiere schrieb und dass seine Fabrikate vom Rathe der Stadt gern gekauft wurden.

In den von damals erhaltenen Nürnberger Rathsakten finden sich nun aber viele dem Zeichen Fig. 13 ähnliche Wasserzeichen, unter anderen auch zu Ende des XIV. Jahrhunderts im sogenannten Spitalbuche das in Fig. 14 wiedergegebene Zeichen. Dieses Zeichen weicht nun aber im Charakter sehr wenig von Fig. 122, 123, 125, etwas mehr von Fig. 124 und 121 ab, so dass die Vermuthung nahe liegt, wir hätten es in diesen fünf Zeichen mit Stromer'schen Wasserzeichen zu thun. Ebenso finden sich sehr ähnliche Zeichen zu Anfang des XV. Jahrhunderts in den Frankfurter Akten und in den Freiberger (Sachsen) Stadtbüchern; auch diese Papiere dürfen wir daher für Nürnberger Fabrikat erklären.

Was ferner Ravensburgs Bedeutung als alte Papierstadt anlangt, so erscheint dem vorurtheilsfreien Leser der Artikel im Serapeum 1845 und 1846 der beiden Forscher Guntermann und Sotzmann keineswegs ausgeschlossen, dass Ravensburg schon vor Nürnberg Papiermühlen besass. Guntermanns leider nur in verkleinertem Massstabe gegebene Wasserzeichen-Abbildungen lassen immerhin eine grosse Wahrscheinlichkeit für diese Thatsache erkennen; wenn wir auch den grossen Lokalpatriotismus Guntermanns mit Sotzmann übel empfinden und Sotzmann in Vielem Recht geben müssen, so liefert letzterer doch noch lange nicht den Beweis, dass Ravensburg nicht schon früher Papiermühlen besass. Als Beweis, dass Ravensburgs Papiere Ende des XIV. Jahrhunderts schon nach Frankfurt kamen, seien nochmals die Fig. 36 aus 1399 (Doppelthurm, später sehr häufig im Papier als das Ravensburger Stadtwappen) und Fig. 120 aus 1391 (Ochsenkopf ohne Augen von Ravensburg, »so man gern in den Kanzleien nutzet«,) erwähnt.

---

[1] Ulman Stromer, 1328—1407, war ein hochangeschener Nürnberger Patrizier aus dort weitverzweigter Familie; er war mehrfach Rathsmitglied, ein tüchtiger, umsichtiger Geschäftsmann und von 1390 ab einer der ersten deutschen Papiermühlenbesitzer.

Noch schwieriger als die Herkunft der Frankfurter Papiere ist die Entstehung und Bedeutung der Wasserzeichen im Allgemeinen zu erklären.

Die vollen Namen der Papiermacher, wie sie von 1307 bis etwa 1340 in italienischen Papieren gefunden werden, dürften auf eine obrigkeitliche Vorschrift zurückzuführen sein; ebenso die Einsetzung bestimmter Stadt- und Landeswappen. Aber die Verwendung vieler anderer Bilder scheint vollständig in dem Belieben der Papiermacher gestanden zu haben.

Jedenfalls können wir aber einigen davon eine Bedeutung nicht absprechen. Papiere mit bestimmten Zeichen, z. B. dem des Ochsenkopfes, hatten wahrscheinlich in Folge besonderer Güte bedeutende Nachfrage und sofort fand die betreffende Marke Nachahmung, sei es, dass der Papierhändler sie forderte, oder dass der Papiermacher sie frei wählte und nach seinem Geschmack änderte.

Bei Sammlung der Zeichen des Mittelalters kommt man zu dem Schluss, dass die Papiermacher bei ihrer Umschau nach neuen Zeichen auf alle möglichen Gedanken kamen. So finden wir die astronomischen Kalenderzeichen, besonders alle Figuren des Thierkreises, wie Krebs, Steinbock, Skorpion, Zwillinge (die Zweikreis- oder Doppelkreiszeichen), Stier, Löwe, wenn auch nicht sämmtlich in den Frankfurter Papieren, vertreten.

Die Grösse und gewisse Abzeichen der Konturen der Wasserzeichen hatten wahrscheinlich eine bestimmte Bedeutung bezüglich der Grösse, des Formates und der Sorte.

Nur das fleissige Forschen, Zeichnen und Vergleichen vieler interessierter Persönlichkeiten kann die hier nur dürftig angedeuteten Vermuthungen zu sicheren Schlüssen führen und so den allmäligen Aufbau der Geschichte der Papierindustrie des Mittelalters ermöglichen.

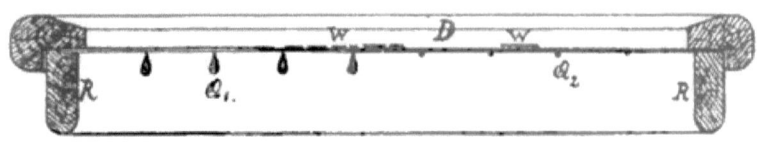

1.

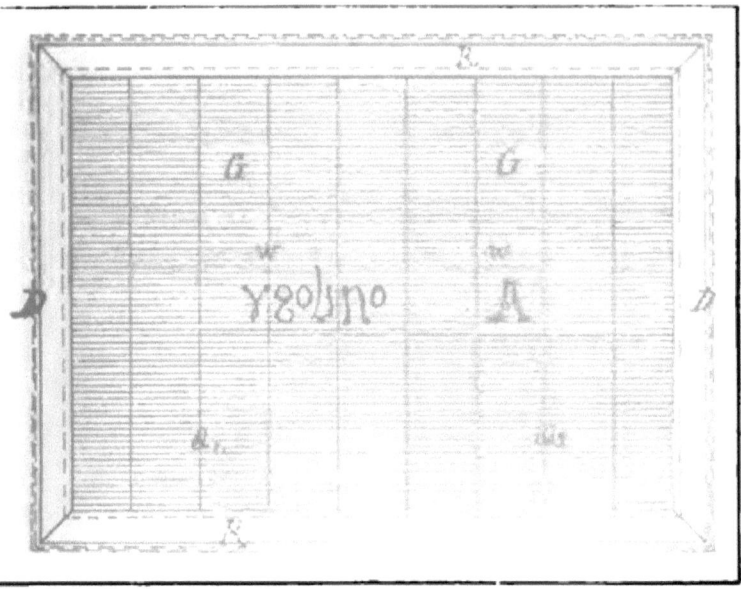

2.

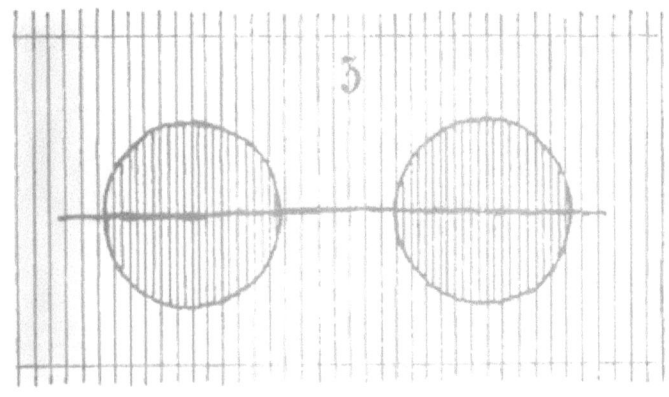

3.

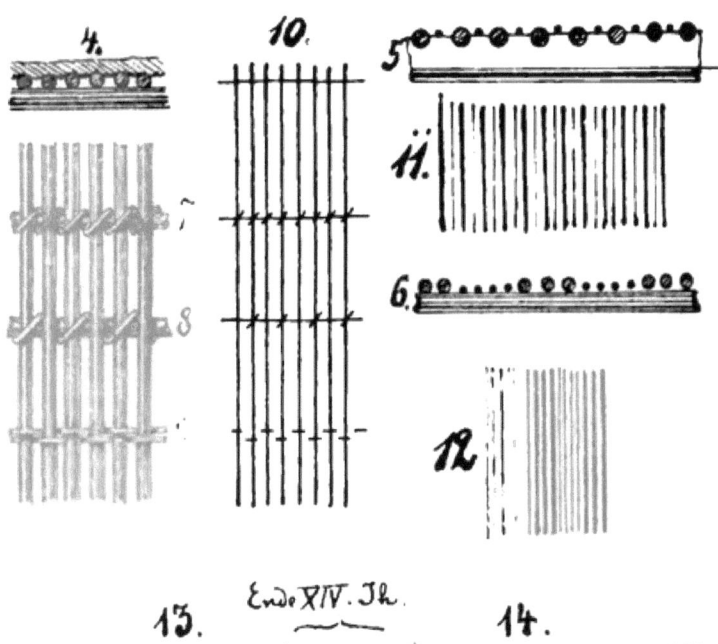

4.

10.

5.

11.

6.

12.

13.

Ende XIV. Ih.

14.

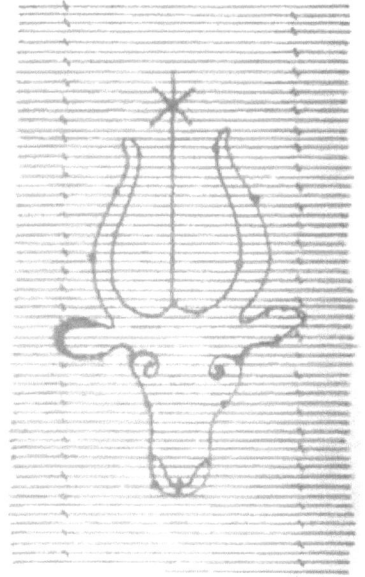

15.

VIGOLILNO

1312.

nebeneinander
wie Fig. 2.

16.

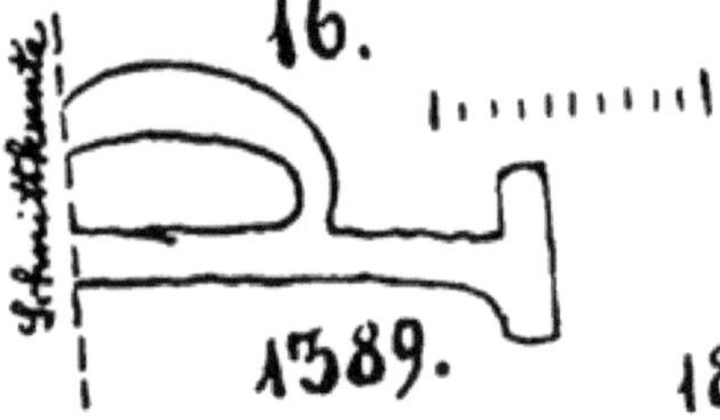

Schnittkante

1389.

17.

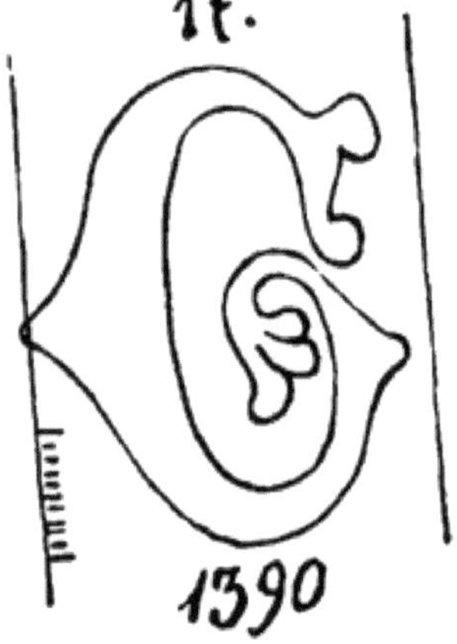

18.

1390

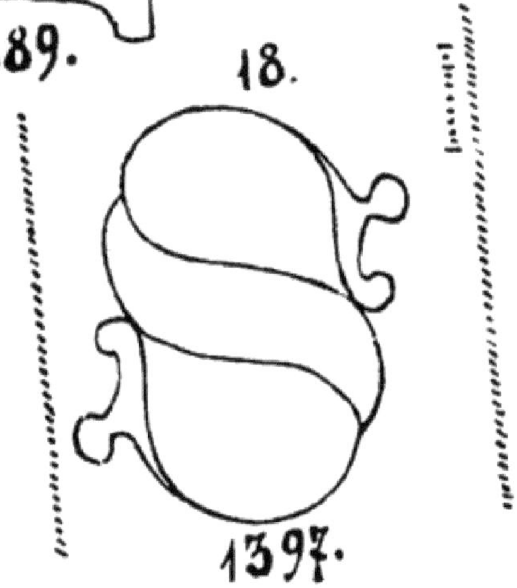

1397.

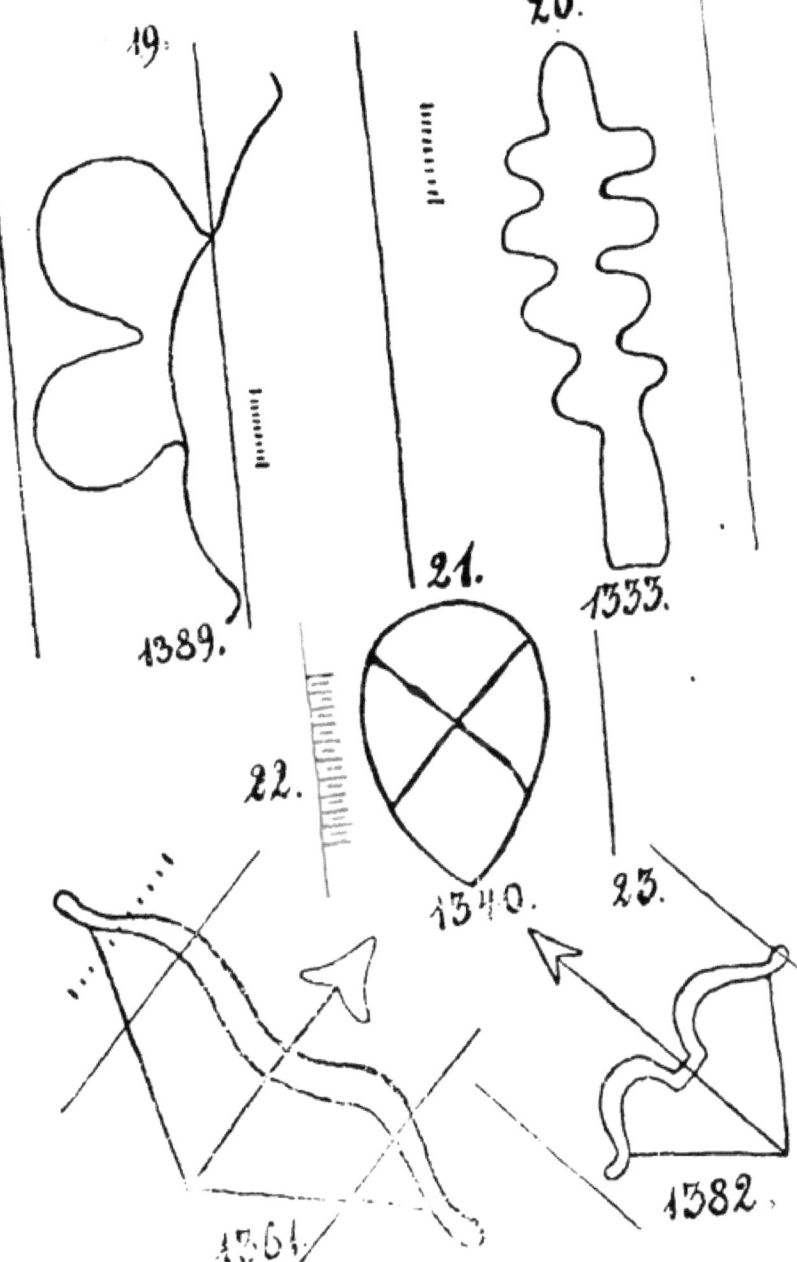

19.

20.

1389.

1333.

21.

22.

1340.

23.

1361.

1382.

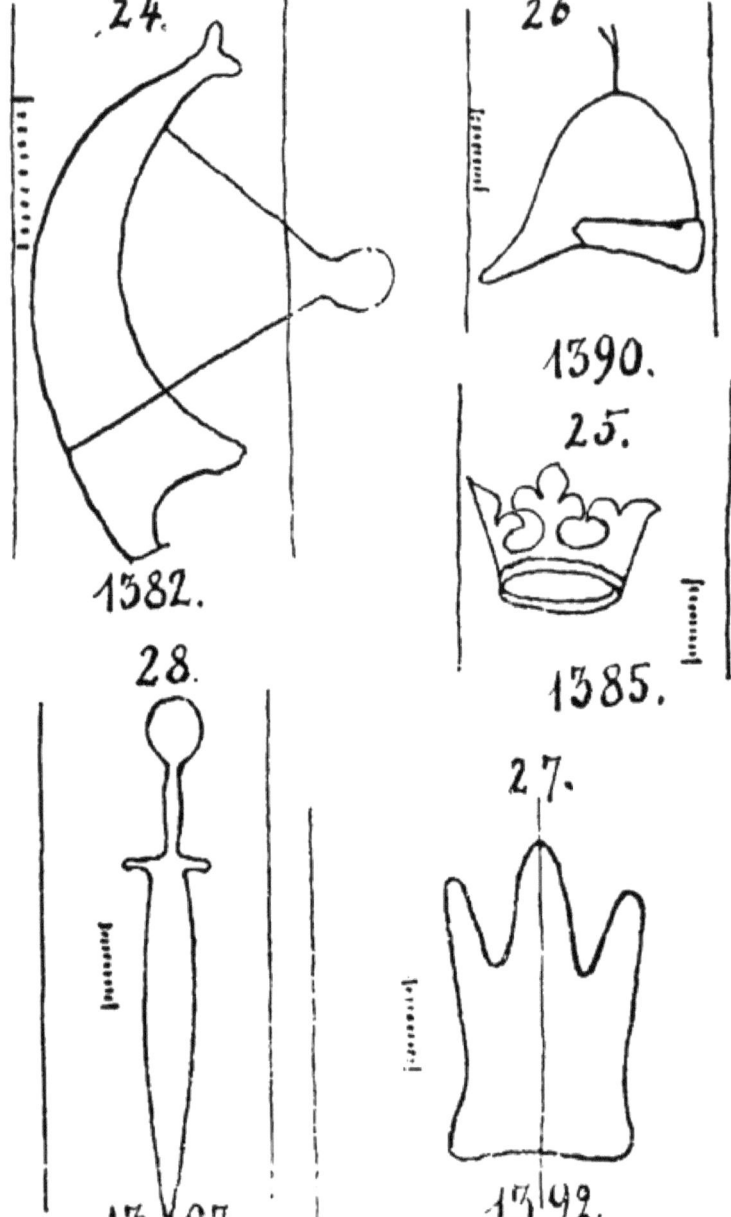

24.

26

1390.

25.

1382.

1385.

28.

27.

13 97.

13 92.

31.

1346.

29.

1400.

30. 1400

33.
?

1394.

32.

1447

34.

35.

38

1397.

1398.

15 49.

36.

39.

40.

1399.

37.

1354

15 35.

1361.

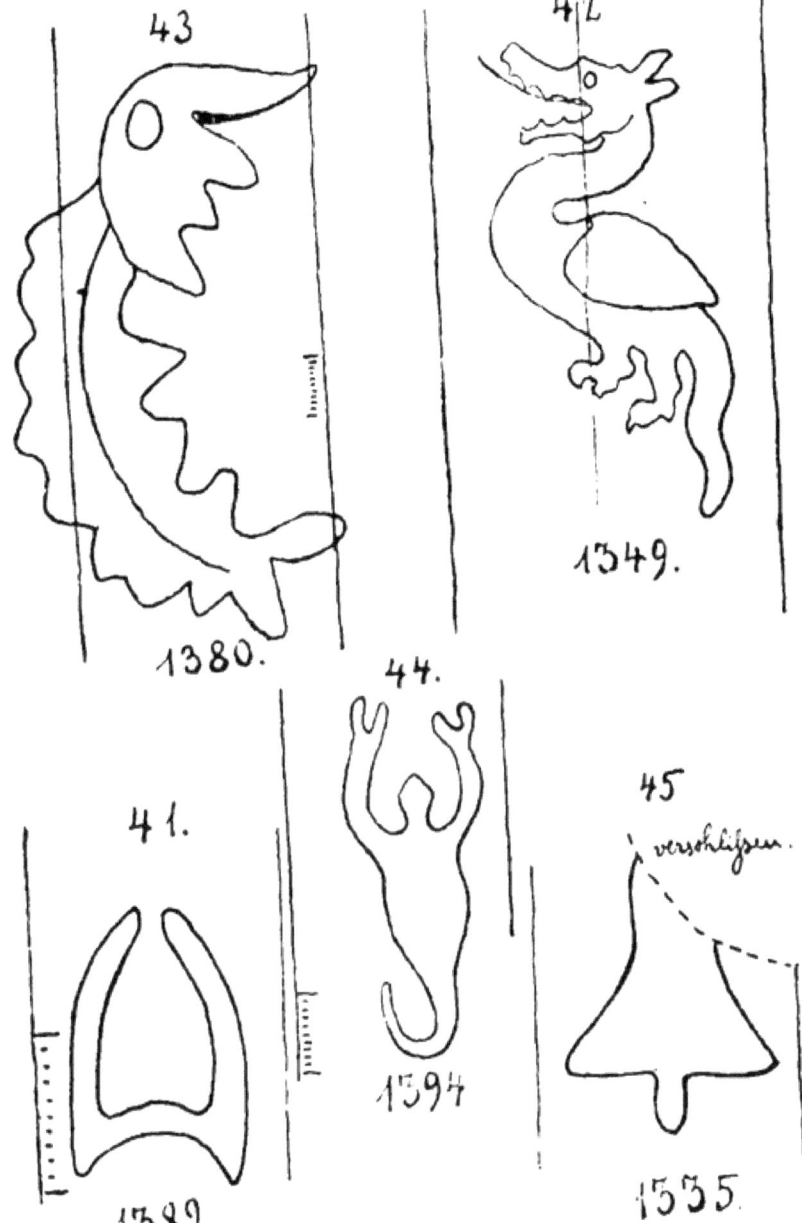

43

42

1349.

1380.

44.

41.

45

verschlissen.

1594

1382.

1535.

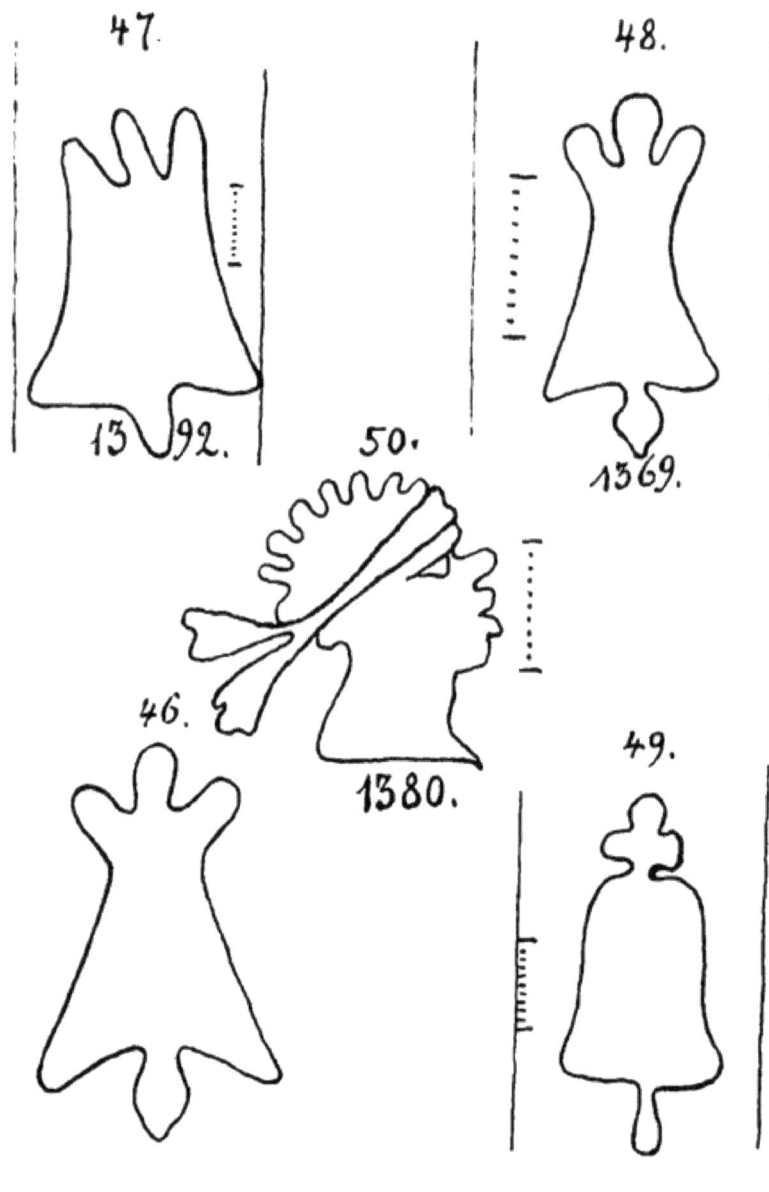

47.

13 92.

48.

1369.

50.

1380.

46.

1546.

49.

1400.

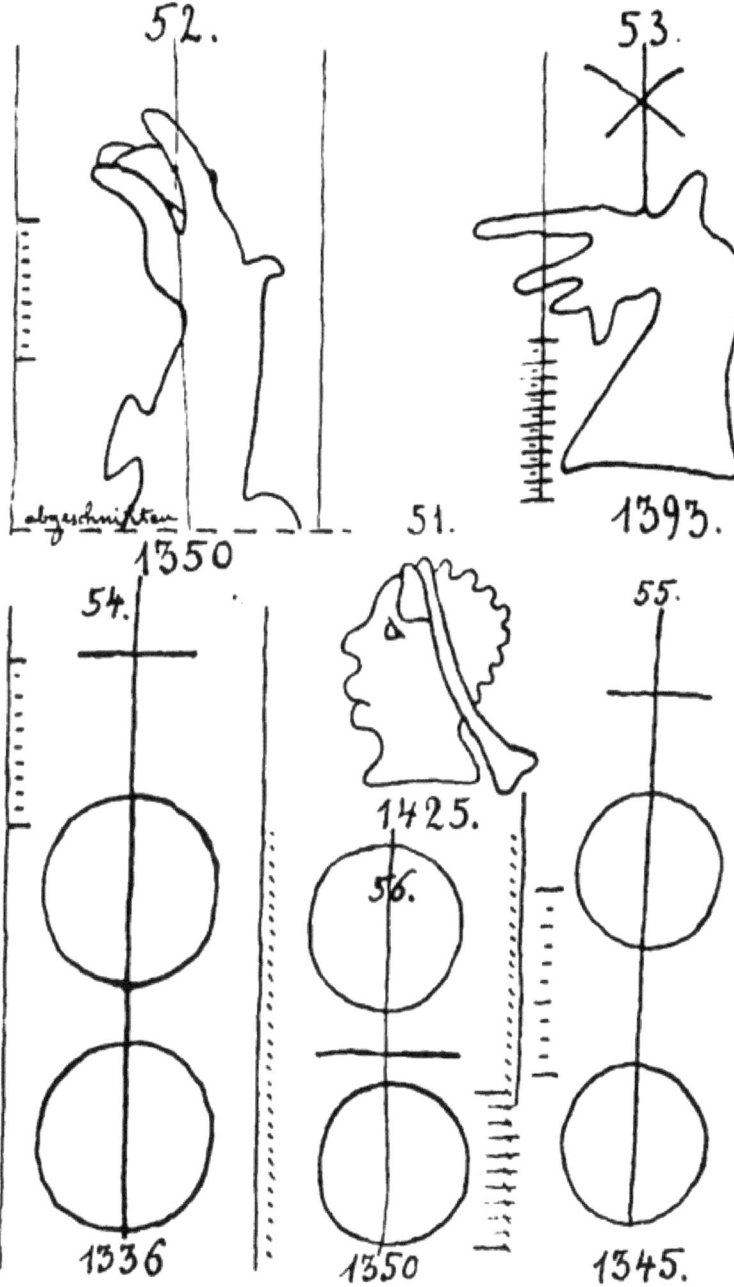

52.

1350

abgeschnitten

51.

53.

1393.

54.

1336

1425.

56.

1350

55.

1345.

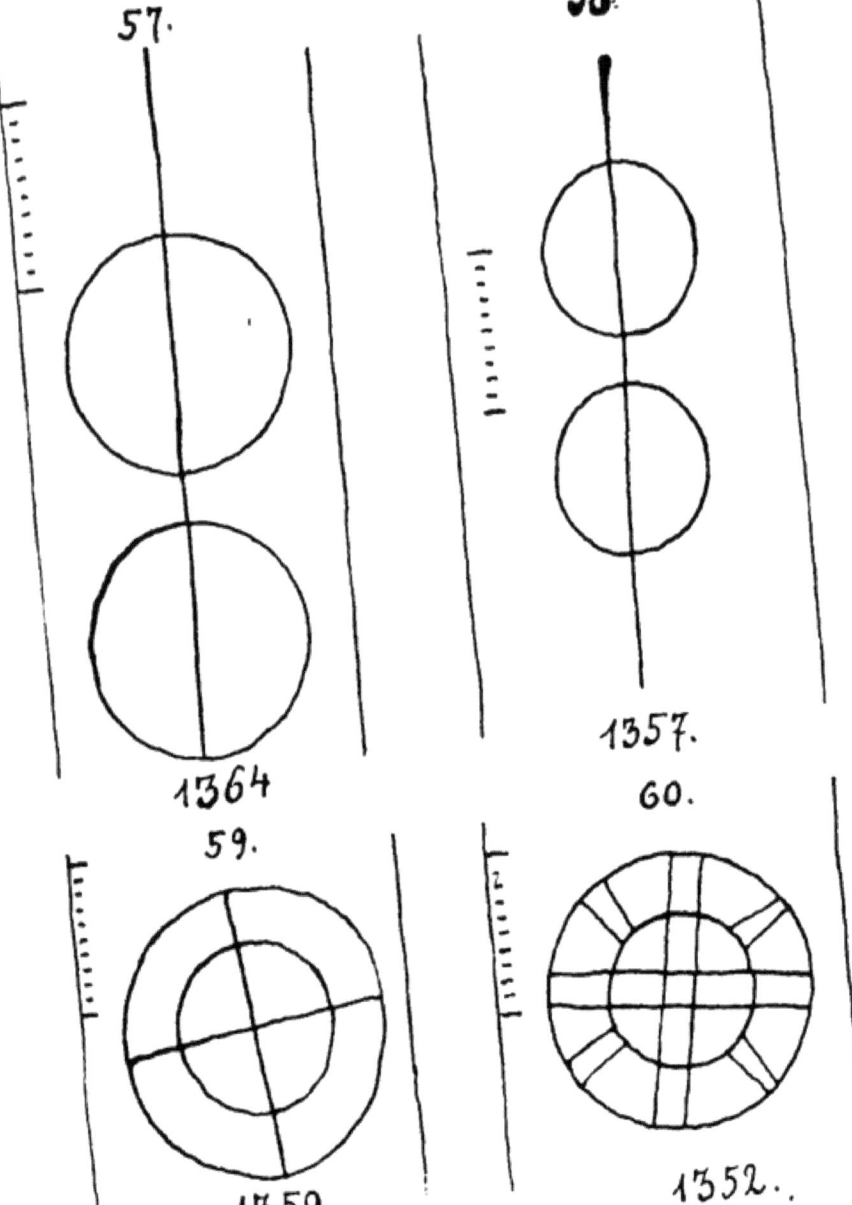

57.

58.

1364

1357.

59.

60.

1350

1352.

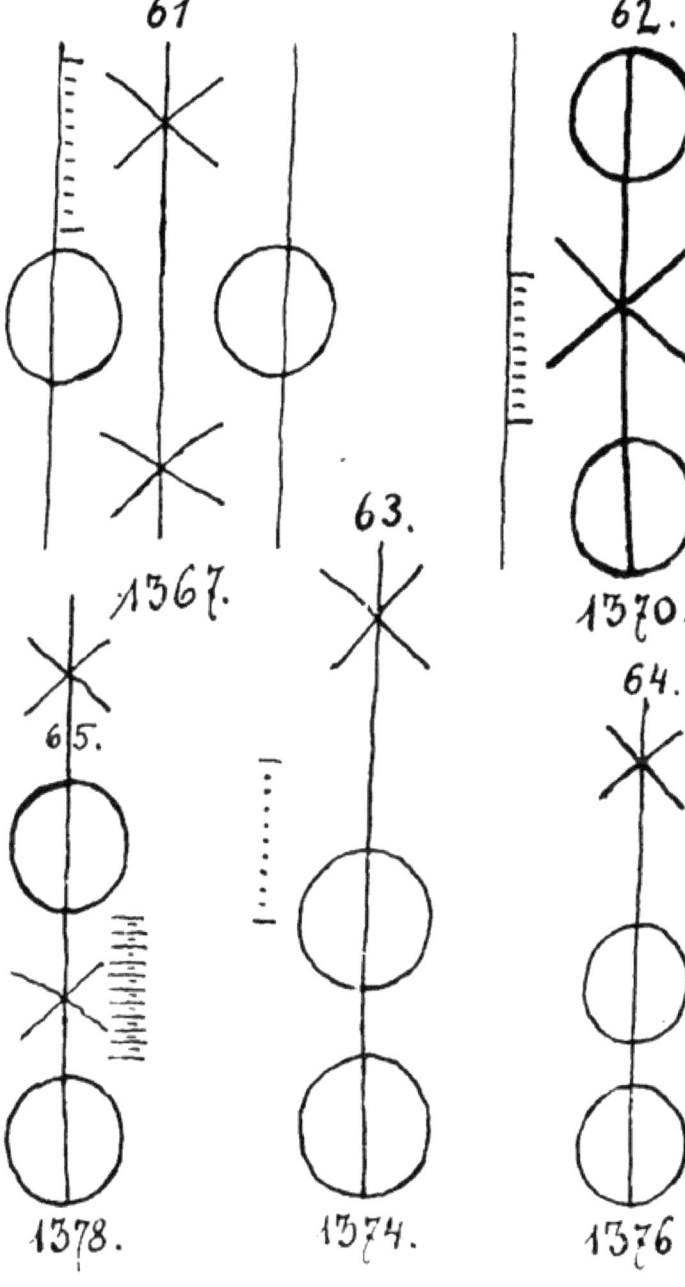

61

62.

1367.

63.

1370.

65.

64.

1378.

1374.

1376

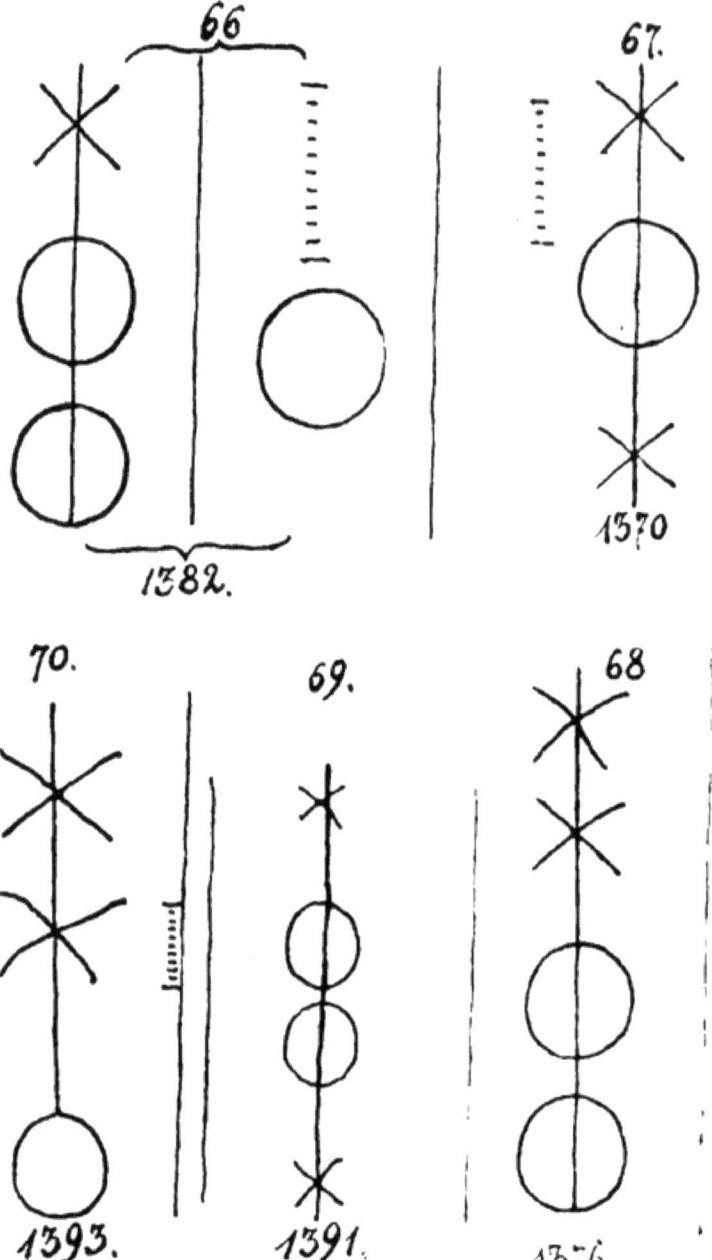

66

67.

1382.

1370

70.

69.

68

1393.

1391.

1376

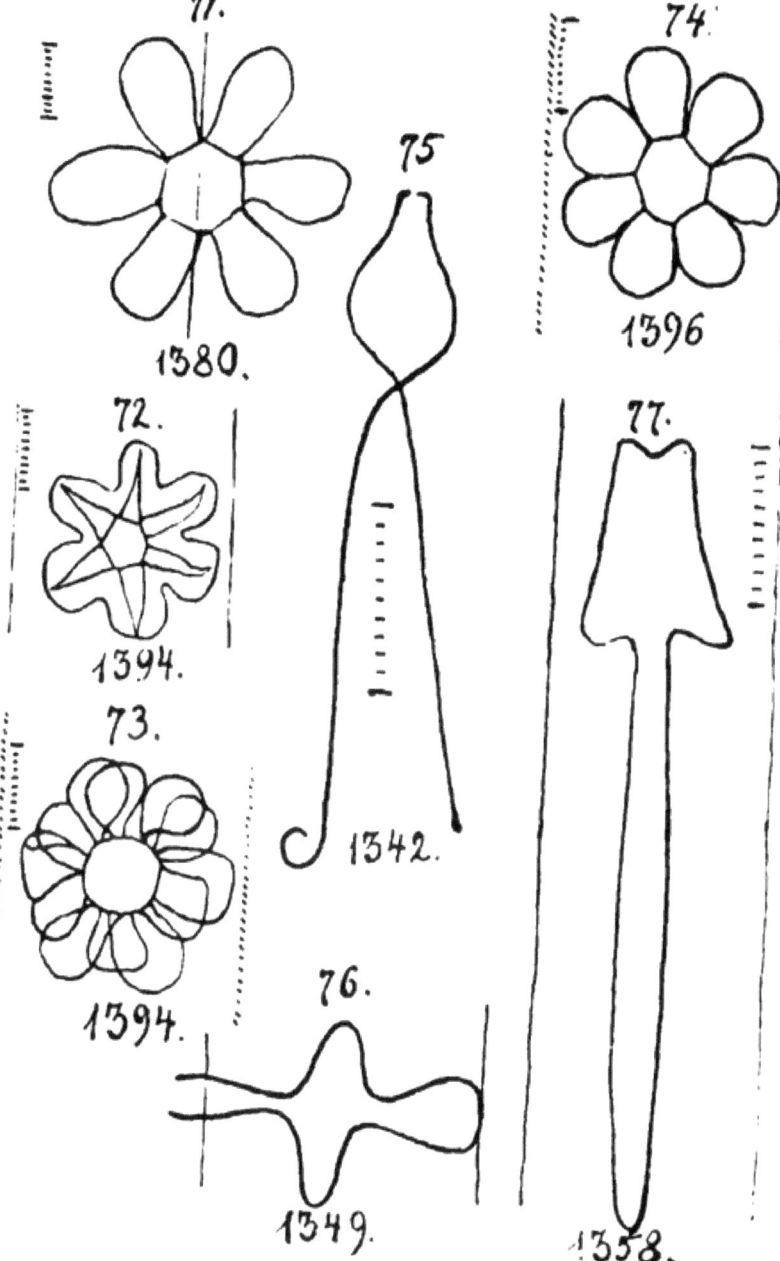

71.

1380.

74.

1396.

72.

1394.

73.

1394.

75

1342.

76.

1349.

77.

1358.

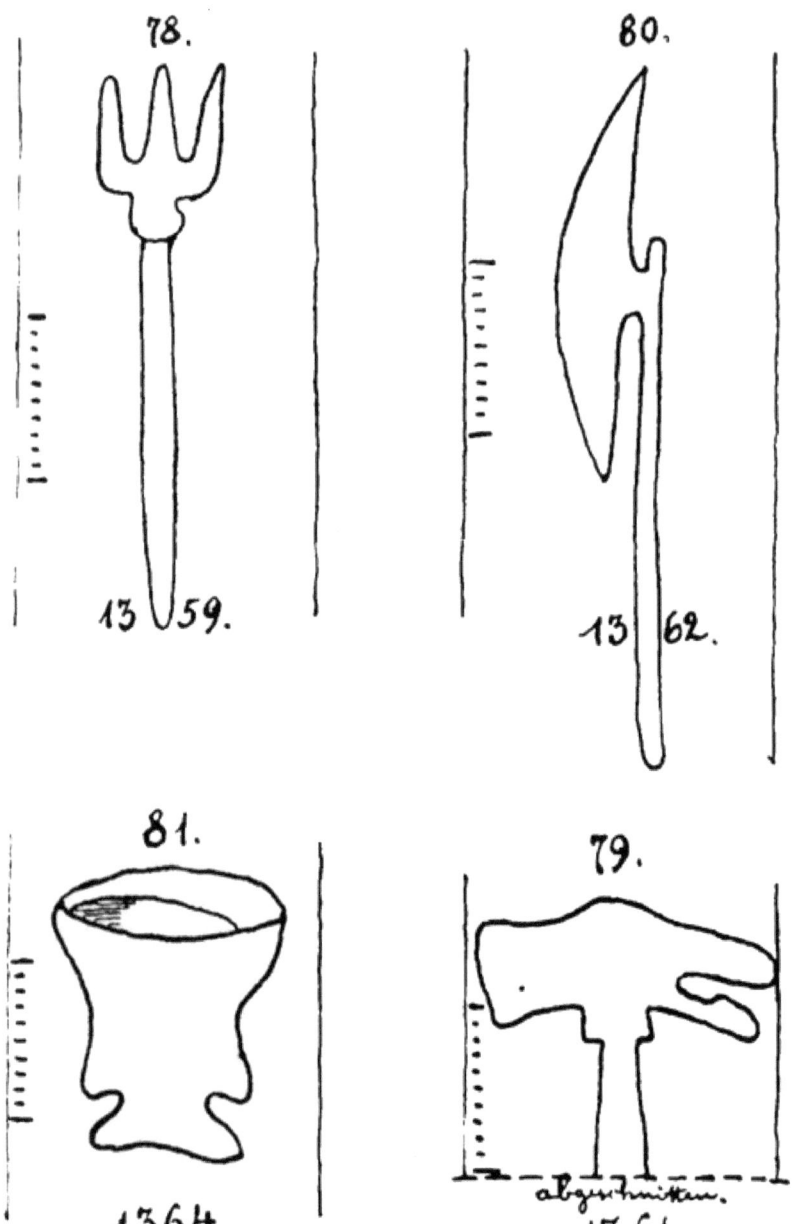

78.

13 59.

80.

13 62.

81.

1364

79.

abgeschnitten.

1361.

82.

83.

1342.

1366.

84.   abgeschnitten.

1380

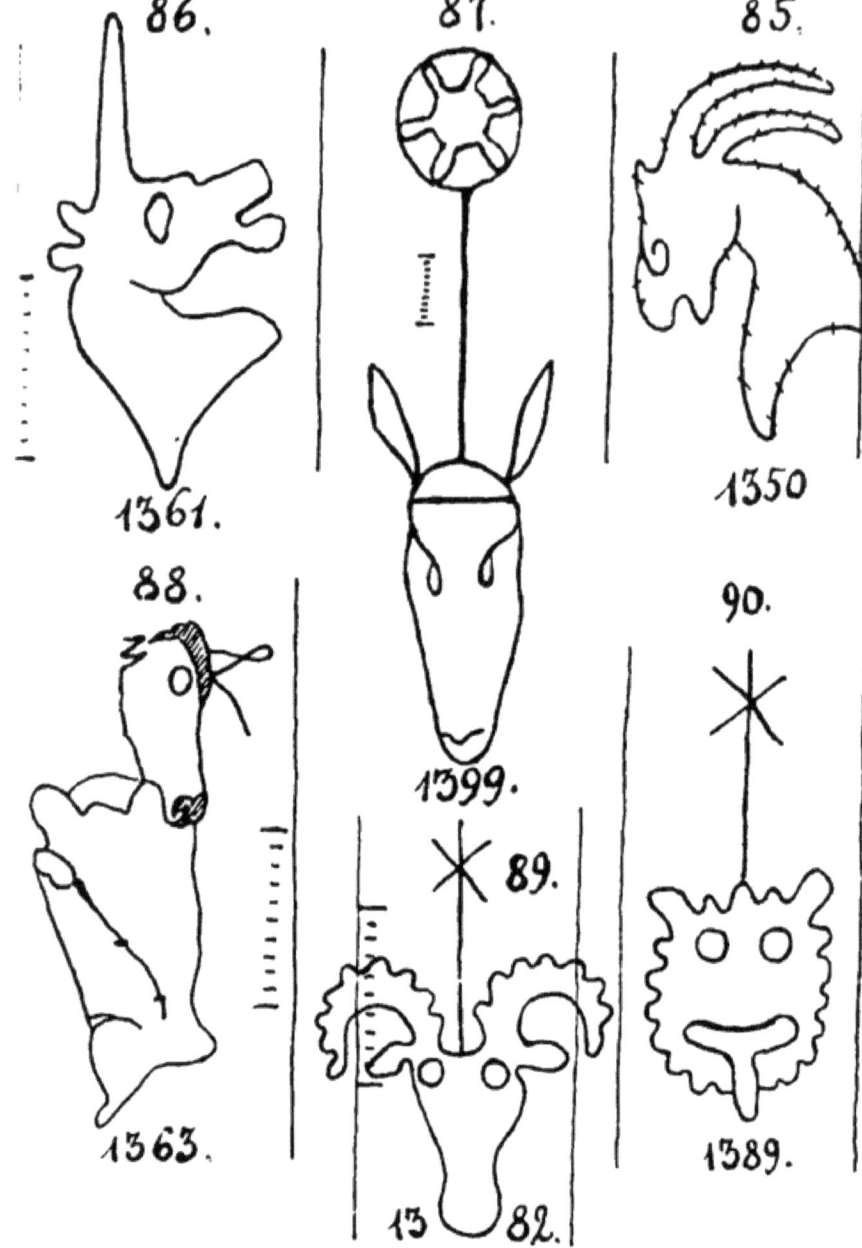

86.

1361.

87.

1399.

85.

1350

88.

1363.

89.

15 82.

90.

1389.

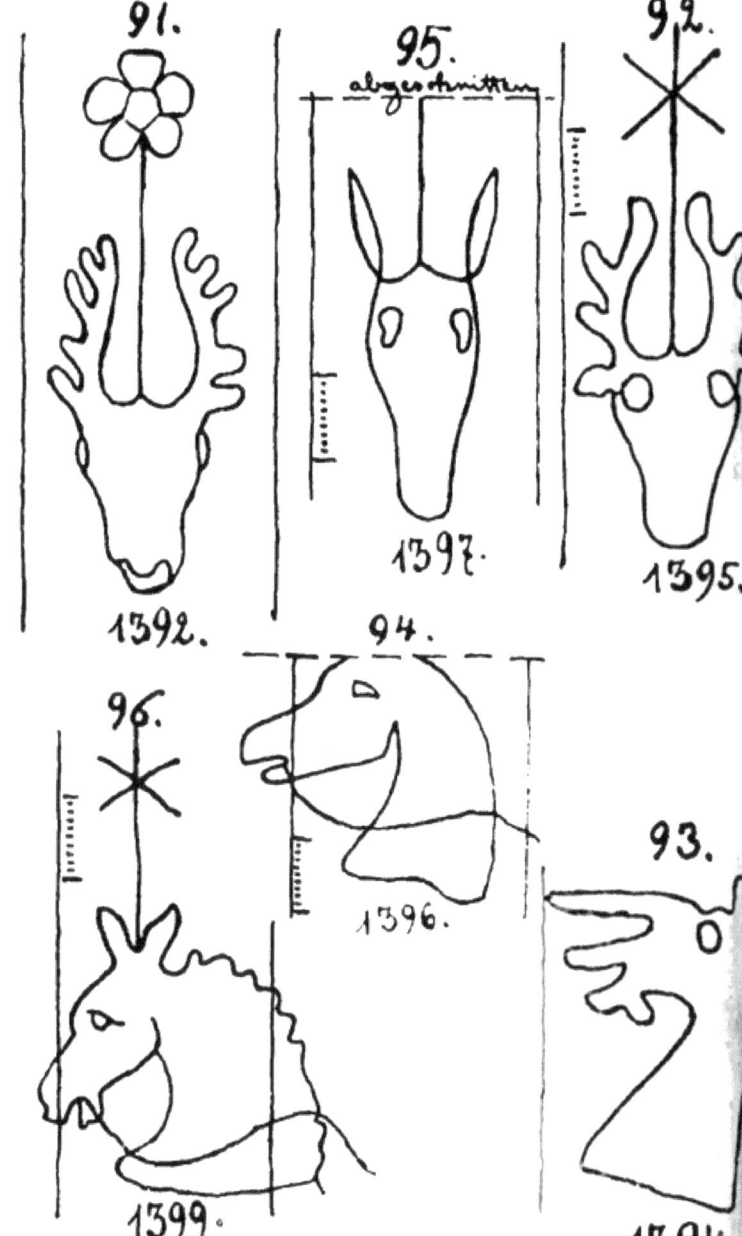

91.

1392.

95.
abgeschnitten

1397.

92.

1395.

96.

94.

1396.

1399.

93.

1594.

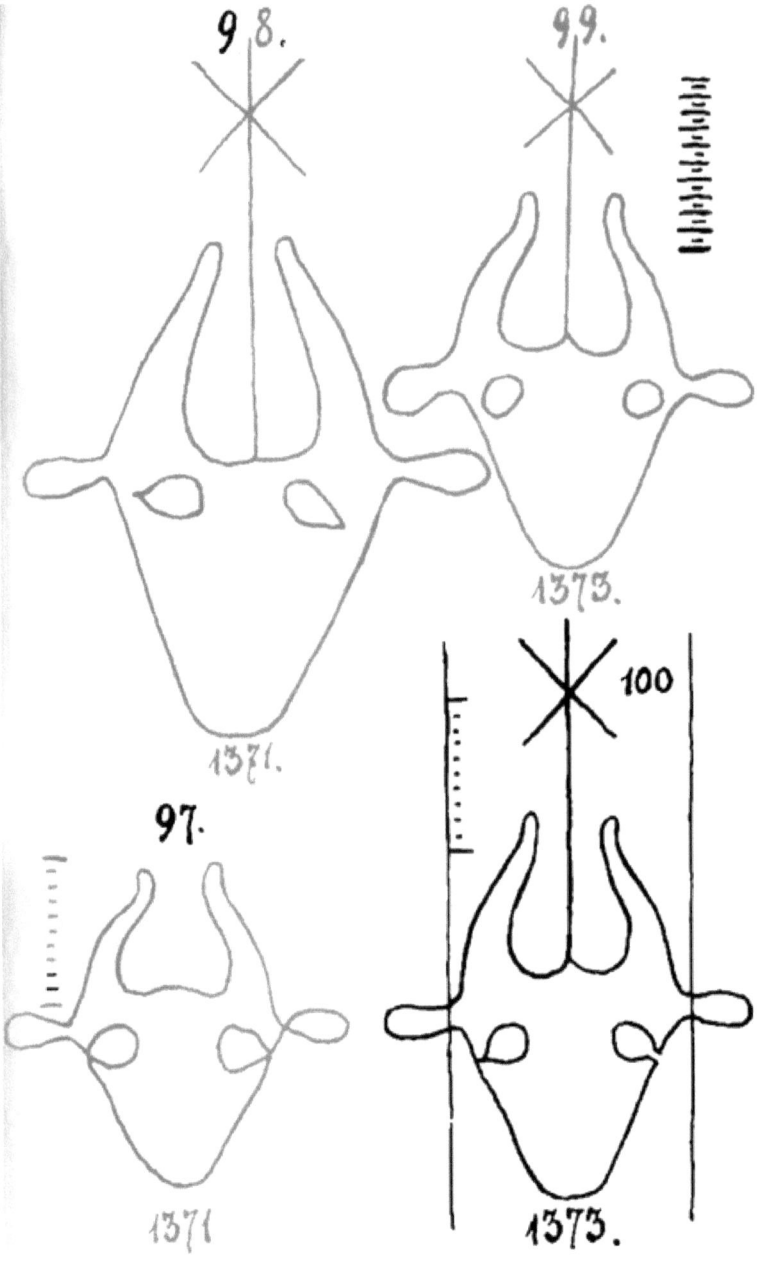

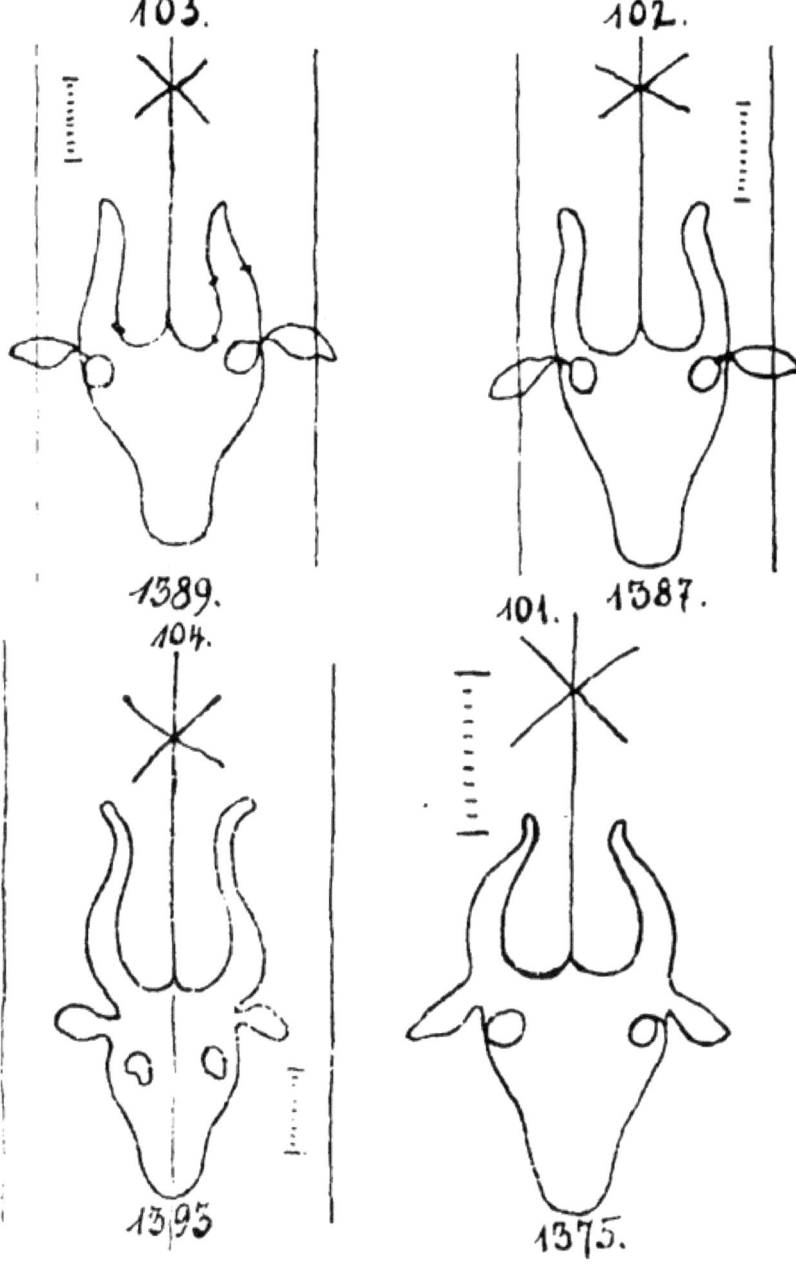

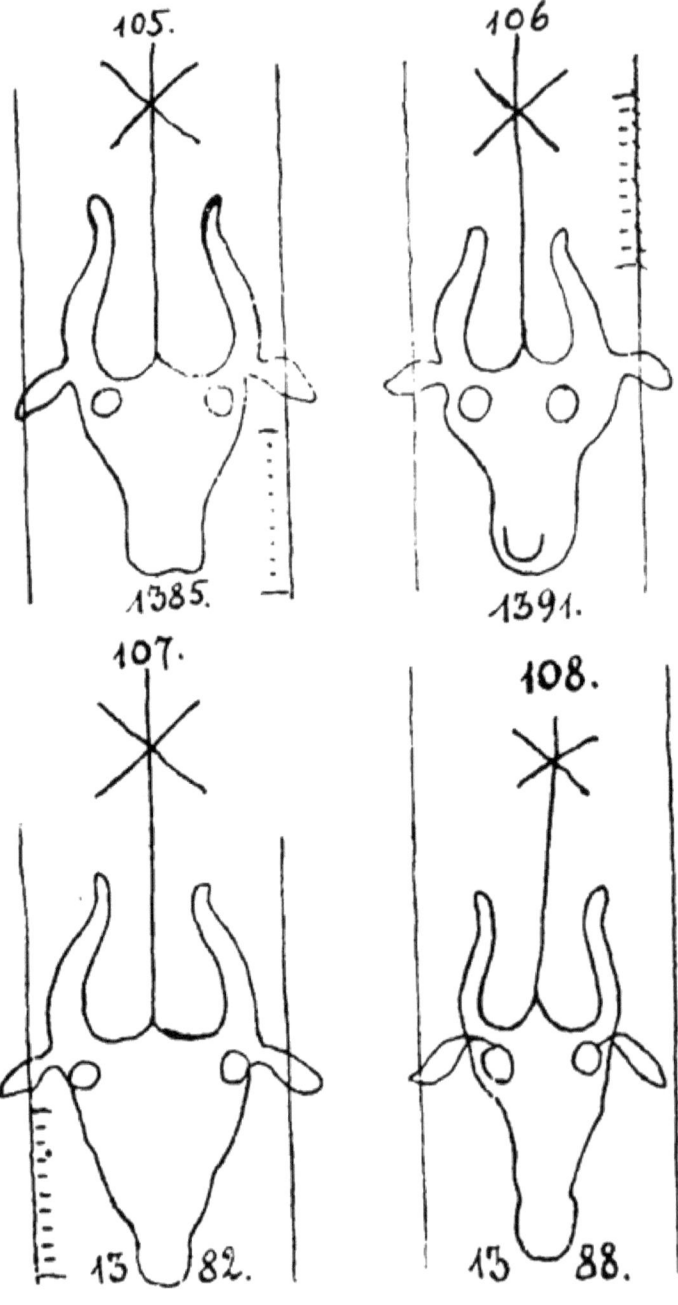

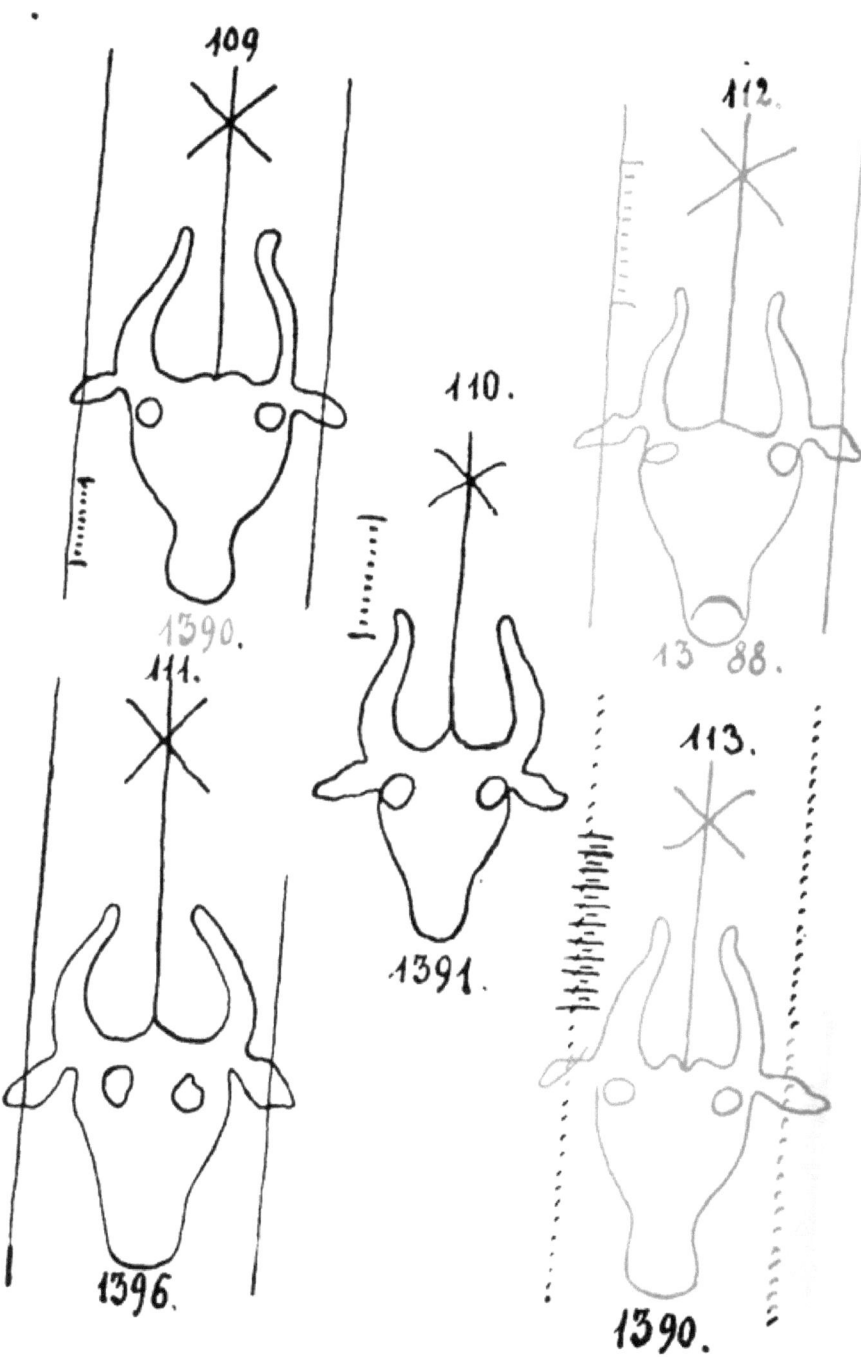

109.

1390.

110.

1391.

111.

1396.

112.

13 88.

113.

1390.

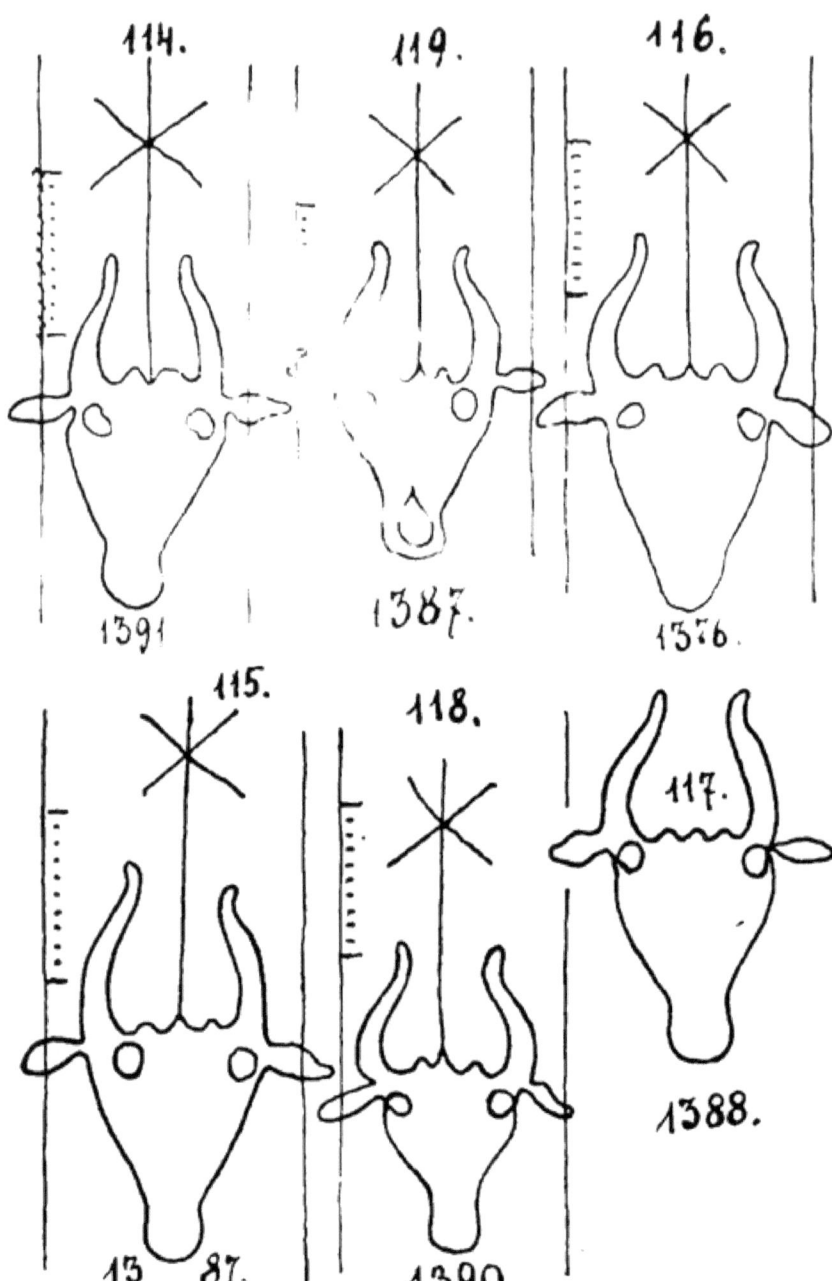

120.

1391.

123.

1391.

122.

121.

1389.

1389

124.

1592.

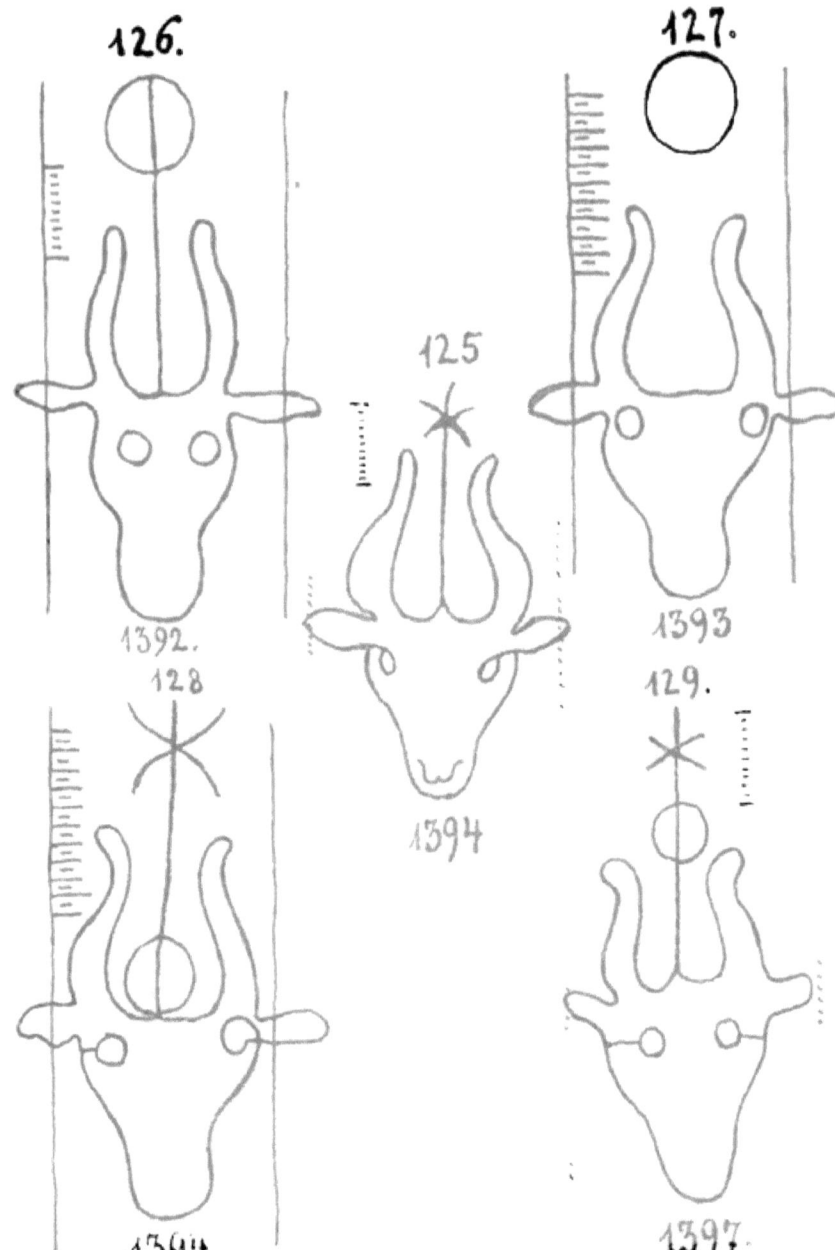

126.

127.

125

1392.

1393

128.

1394

129.

1394

1397.

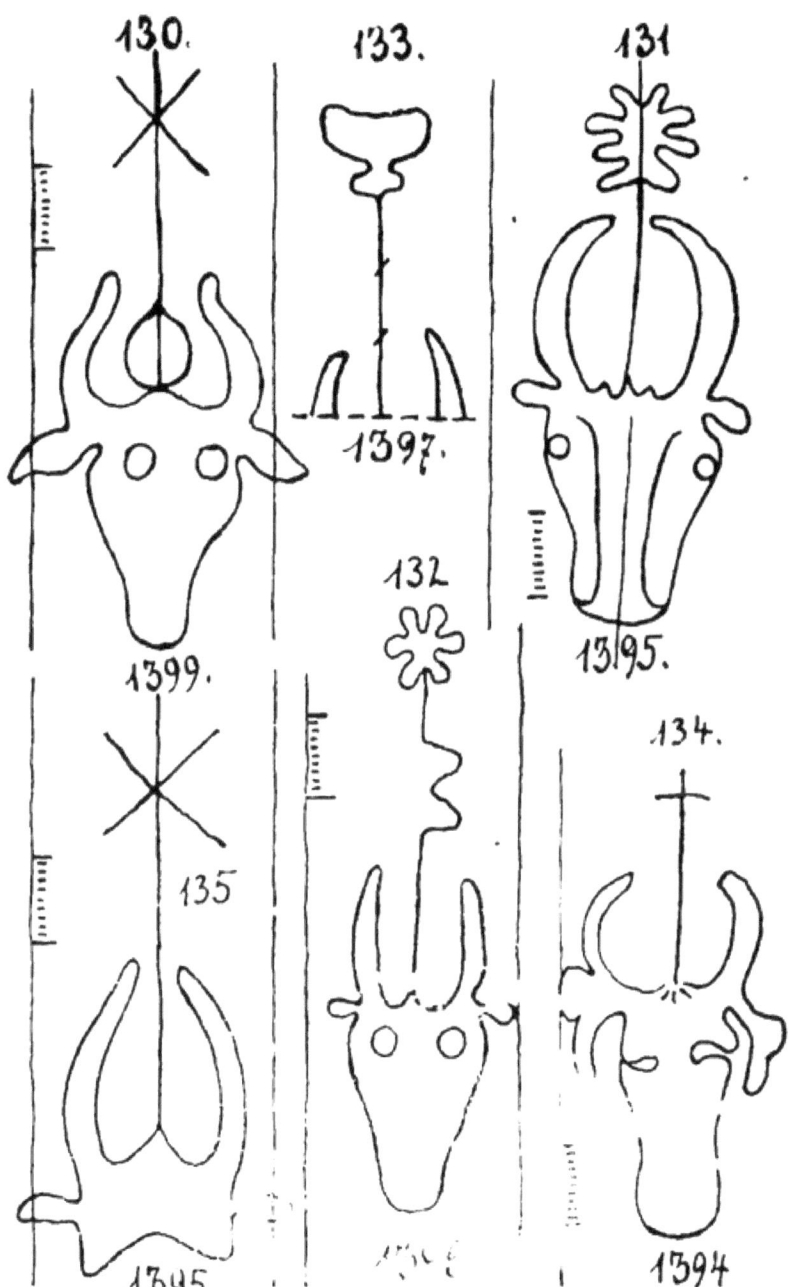

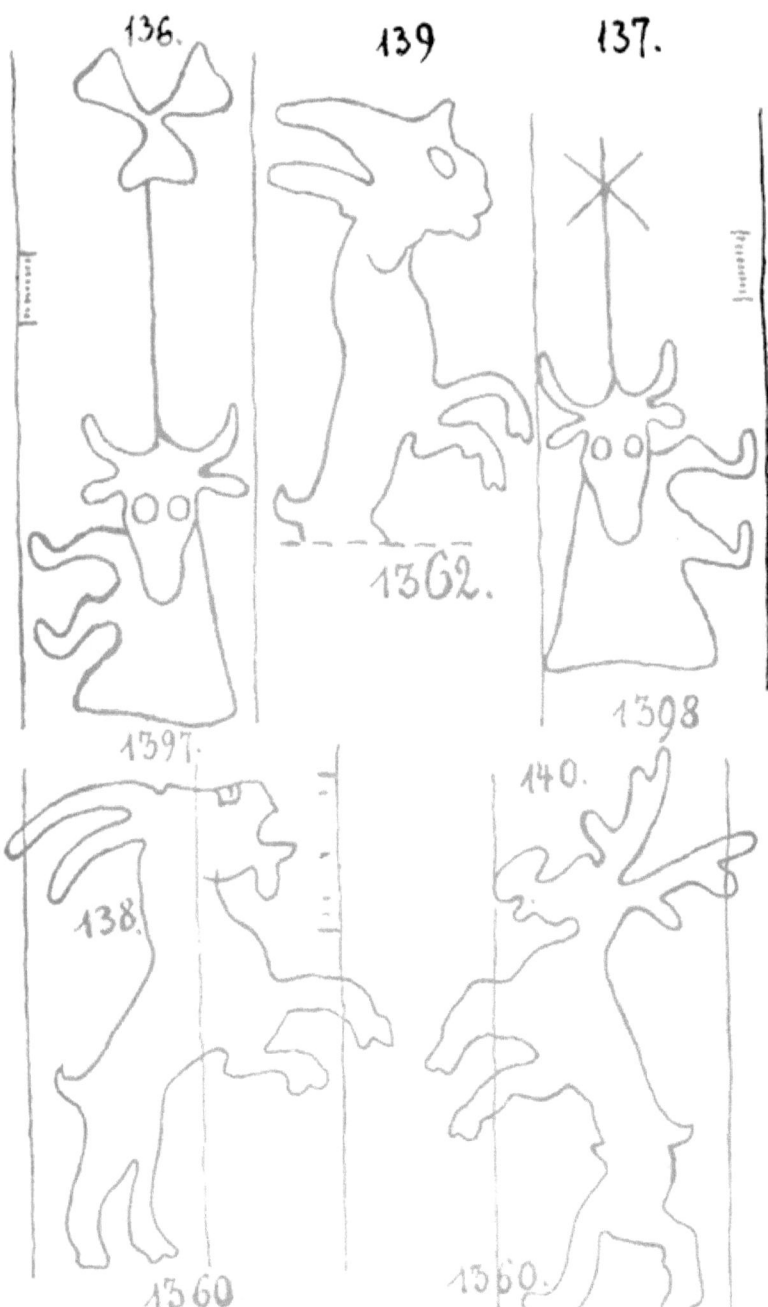

143.

1359.

142.

1359.

141.

1350.

145.

1400.

144.

1399.

146.

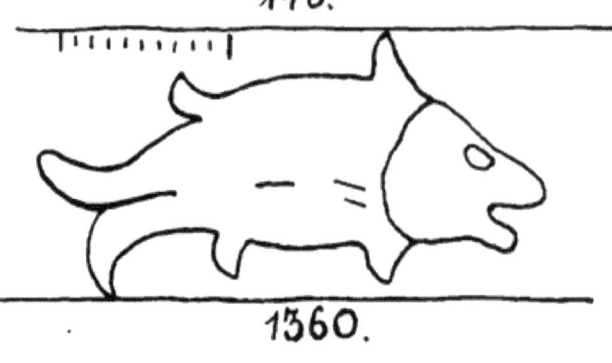

1360.

147.

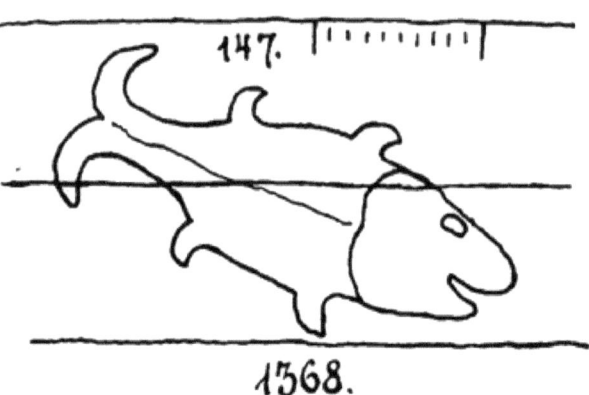

1368.

148

1397.

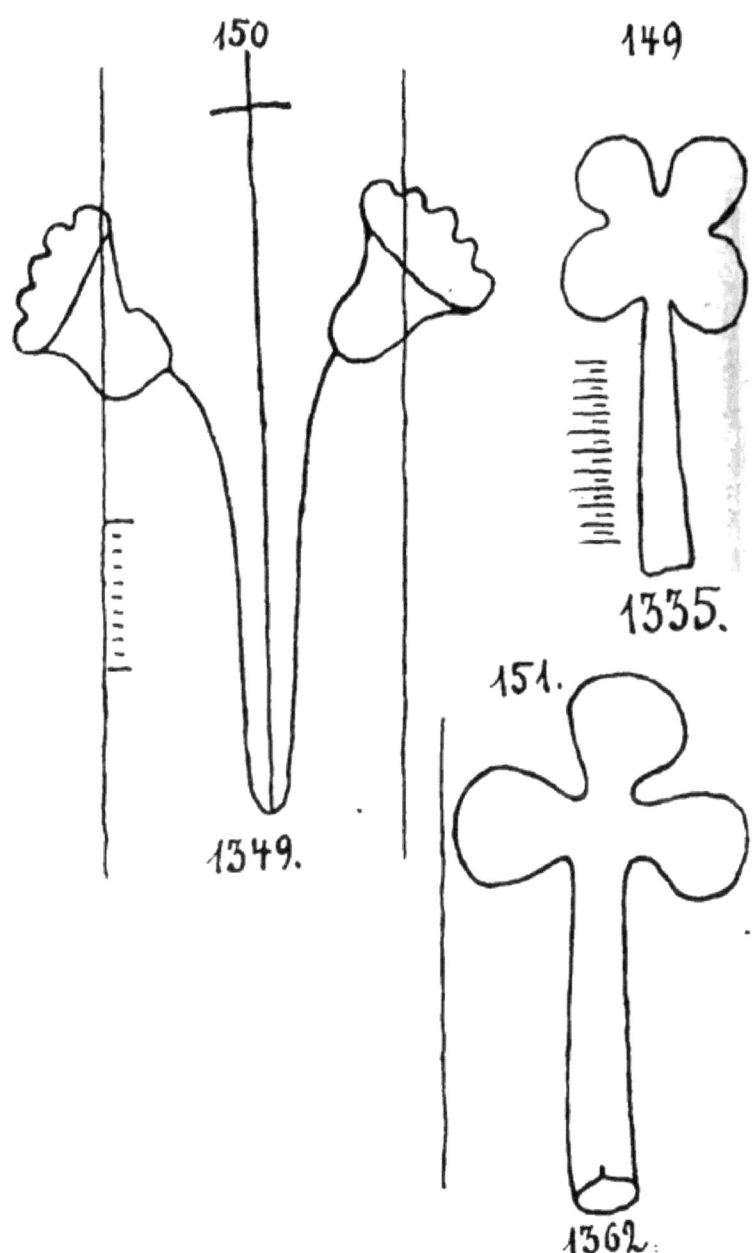

150   149

1349.

1335.

151.

1362.

152.

1352.

153.

1369